大学英语教学改革与方法创新研究

赵冬芸 著

东北林业大学出版社
Northeast Forestry University Press
·哈尔滨·

版权专有　侵权必究

举报电话:0451-82113295

图书在版编目（CIP）数据

大学英语教学改革与方法创新研究/赵冬芸著.--哈尔滨：东北林业大学出版社，2024.4

ISBN 978-7-5674-3536-0

Ⅰ.①大… Ⅱ.①赵… Ⅲ.①英语－教学改革－研究－高等学校 Ⅳ.①H319.1

中国国家版本馆CIP数据核字(2024)第082259号

责任编辑：姚大彬
封面设计：郭　婷
出版发行：东北林业大学出版社
　　　　　　（哈尔滨市香坊区哈平六道街6号　邮编：150040）
印　　装：北京四海锦诚印刷技术有限公司
开　　本：787 mm×1092 mm　1/16
印　　张：9
字　　数：212千字
版　　次：2024年6月第1版
印　　次：2024年6月第1次印刷
书　　号：ISBN 978-7-5674-3536-0
定　　价：68.00元

如发现印装质量问题，请与出版社联系调换。（电话：0451-82113296　82191620）

前　　言

英语是一种重要的信息载体，在人类生活的各个领域中发挥着不可或缺的作用。大学英语是高等学校的必修科目之一，是帮助大学生掌握英语技能，提高人文素养的一门基础性课程。随着经济一体化的进一步推进以及科技的迅猛发展，各国间的交流与日俱增，英语作为国际性通用语言，已经成为各国之间相互交流的桥梁。英语能力已成为衡量人才的一项重要标准，社会对英语人才的要求也从理论型、单一型向应用型、复合型以及国际型转换。

在信息发展极为迅速的当下，学生也有着海量的网络教学资源可以选择，慕课、网易公开课、在线教育、移动图书馆等教育教学资源触手可及。资源的丰富性和可获得性对传统教学方式产生了极大的冲击。传统的教学方式使得教师无法充分发挥资源优势，如何提高英语教学的效果成了当前亟待解决的首要问题。大学英语教学应顺应时代的潮流，开展多元化教学，改善目前的教学状况，提高教学的效率，培养学生的英语综合能力。高校的教师们必须及时地转变自己的思路，迎合时代的发展及人们对英语的更高要求，不断学习、突破自我、不断革新自己的教学理论与方法，只有这样才能不断提升自己的教学能力。

本书从大学英语教学综述介绍入手，针对大学英语基础教学改革、大学英语课堂教学改革进行了分析研究；另外对大学英语教学模式改革创新、大学英语教学思维创新做了一定的介绍；还对大学英语教学方法新探做了研究。大学英语教学就是要提高学生的英语语言能力，培养具有国际化视野的全方位人才。因此，大学英语的教学方法也在不断发生着变化，在一些方面有了很多改革和创新。基于这一背景，本文作者对大学英语教学改革与教学方法进行简要介绍。

本书在写作过程中得到了相关领导的支持和鼓励，在此表示感谢！在写作过程中，作者广泛参考、吸收了国内外众多学者的研究成果和实际工作者的经验，在此，对本书所借鉴的参考文献的作者、对写作过程中提供帮助的单位和个人致以衷心的感谢！同时，有些参考的资料由于无法确定来源和作者，因此没有在参考文献中列出，为此表示深深的歉意。在写作本书时，得益于许多同人前辈的研究成果，既受益匪浅，也深感自身所存在的不足，对此希望广大读者与专家、学者予以谅解，并提出自己的宝贵意见，以便修改完善。

编　者
2023 年 12 月

目 录

第一章　大学英语教学综述 ……………………………………………………（1）
　第一节　大学英语教学内涵 ……………………………………………………（1）
　第二节　大学英语教学的语言认识及语言教学 ………………………………（4）
　第三节　大学英语教学改革的目的与理念 ……………………………………（12）

第二章　大学英语基础教学改革 ………………………………………………（20）
　第一节　英语听力教学改革 ……………………………………………………（20）
　第二节　英语口语教学改革 ……………………………………………………（25）
　第三节　英语阅读教学改革 ……………………………………………………（34）
　第四节　英语写作教学改革 ……………………………………………………（39）

第三章　大学英语课堂教学改革 ………………………………………………（45）
　第一节　英语课堂教学概述 ……………………………………………………（45）
　第二节　英语课堂教学与现代网络技术的融合 ………………………………（49）
　第三节　英语课堂教学的反思与改革 …………………………………………（57）

第四章　大学英语教学模式改革创新 …………………………………………（65）
　第一节　基于反思性教学的英语教学模式改革创新 …………………………（65）
　第二节　基于差异性教学的英语教学模式改革创新 …………………………（74）
　第三节　基于后方法时代观教学的英语教学模式改革创新 …………………（79）

第五章　大学英语教学思维创新 ………………………………………………（84）
　第一节　英语教学思维创新的理论基础 ………………………………………（84）
　第二节　多元文化思维下的英语教学 …………………………………………（91）
　第三节　英语教学创新性思维培养与发展 ……………………………………（100）

第六章　大学英语教学方法新探 ………………………………………………（106）
　第一节　大学英语教学中互动式教学方法 ……………………………………（106）
　第二节　大学英语教学中生态教学方法 ………………………………………（115）
　第三节　基于自主学习理念的大学英语教学方法 ……………………………（122）
　第四节　基于"产出导向法"的大学英语教学方法 ……………………………（130）

参考文献 …………………………………………………………………………（137）

第一章　大学英语教学综述

第一节　大学英语教学内涵

一、教育与教学

（一）教育

教育对人类的存在与发展起着重要作用，这是因为教育既传承了人类的既有经验，又把单个的个人培养作为社会的组成部分。

"教育"一词在汉语中可以分为两个部分："教"和"育"，它们分别有"上施下效""使之为善"之义。然而，英语中的 education（教育）则是指"导出"。教育的学术性定义是基于这一语义而形成的。

教育是一种可以引导人类发展的活动。教育的内涵必然涉及两个要素：引导与发展。引导说明教育是有目的的活动，"使之向善"是最根本的目的。引导还说明教育不是强制性的活动，也不可能强制。教师不可能强制学生掌握知识、技能、价值观。发展是指学生的发展。教育能否最终实现其目的，主要在于学生是否得到与所设定目标一致的发展。

（二）教学

教学是教育中的一个重要因素，它既是一种基本因素，又是一种复杂因素。研究教育必然要对教学的相关概念有所了解。

教学是一种教育活动。对于教师来说，教学是引导学生学习的教育活动；而对于学生来说，教学则是在教师的引导下进行的学习活动。这些活动都是教师有目的、有计划、有组织地引导学生学习的活动。学生是否得到发展是教学是否实现其目标的关键。教学也是一个师生互动的过程，是教师教的过程，也是学生学习并在学习过程中全面发展的过程，是学生在教师引导下掌握知识和技能、发展能力、发展身心和形成相关的情感态度及价值观的过程。教学需要师生共同参与，是师生双方教和学的共同活动。没有教师有计划地教，就不可能有教学活动，但更为关键的是，如果没有学生积极主动地学，教学活动也就无从谈起，教学是教与学相统一的活动。所以从师生互动来说，教学应该是教师引导和学生主导的互动活动。

教学是一种有目的的互动，这是因为教学是学校教育最主要的教育活动，其具有非常明确的目标。不同学科的教学虽然具有共同的教学目的，但也都有着各自的教学目标。同样，在不同学段、学年、学期、星期，不同的教材、单元、课文、活动，教学目标也会有所不同。

教学需要具体的内容。教学是一定知识、技能的传递，更是人类生存经验的传递。教学中的知识、技能、经验体现在具体的课程内容和教学内容上。教学内容也具有不同的层次。

教学最显著的特征是系统性和计划性。这是因为，教学是学校教育中有计划的、系统的活动，其主要表现在课程计划、教学计划上。当然，这种系统的计划主要是由教育行政机构、学校和教师等通过长期的思考制订的。

实施教学必须采用一定的教学方法和借助一些教育技术。教学具有非常深厚的历史沉淀，其在不断变化与发展中形成了大量有效的方法。现代科学技术，特别是信息技术的发展，为教学提供了可以借助的多种多样的教育技术。

由此可见，教学就是在有计划的、系统性的过程中，依据一定的内容，按照一定的目的，借助一定的方法与技术，教师引导学生认识世界、学习和掌握知识与技能，同时得到全面发展的活动。

二、英语教学的本质

显而易见，英语教育既是语言教育，又是文化教育。通常而言，语言教育都是以培养学生运用语言的能力为目的的，只通过学习语言来研究这门语言的语言知识的人就不是以运用语言为目的，他们学习语言的目的是研究语言知识，如学习古希腊语、古汉语等已经不再运用的语言。

对于中国学生来说，英语是一门外语，英语教育也就是外语教育。纵观人类外语教育的发展历史，对于已经基本形成母语运用能力的学生的外语教育离不开外语知识教育，因为以外语知识为基础的外语教育才能更有效地培养学生运用外语的能力。作为语言教育，英语教育的本质是培养学生运用英语的能力。

英语不仅仅是一种语言，还是文化的载体。因此，英语教育也是一种文化教育。

三、大学英语教学的内涵

（一）大学英语教学的属性

大学英语教学既是一种语言教学，又是文化的教学。下面对这两种属性进行说明。

1. 英语教学的语言属性

英语是世界通用语言，对其的教学是一种语言教学，这是英语教学的本质属性。语言教学，顾名思义，就是为了培养和提高学习者的语言能力而进行的教学。大学英语教学是我国重要的外语教学。

进行外语教育，需要对外语基础知识进行教学，从而夯实学生语言学习的根基，对语言应用能力的提高也大有裨益。大学英语教学作为重要的语言教育方式，其本质也应该是提高学生的英语语言综合应用能力。

需要特别说明的一点是，一部分专门进行语言知识研究的语言教学工作并不是以语言应用为目的，因此其并不属于语言教学的范畴。例如，古希腊语研究、古汉语研究、古英语研究等。这些语言在当今社会不再广泛使用，对英语教学的理解需要和语言的研究与学习进行区分。

2. 英语教学的文化属性

文化孕育语言，语言反映文化。语言和文化有着密切的关系。在英语教学的过程中，培养学习者的文化思维也十分重要。英语教学的文化属性启示教学者应该重视文化的影响作用，从而便于学习者跨文化交际能力的提升。

(二) 大学英语教学的内涵分析

大学英语教学是师生共同作用的教育活动，需要教师对学生进行引导，也需要学生主动地学习。检验大学英语教学的成果需要以教学目标的实现为标准。总体上说，大学英语教学是师生共同完成预定任务的双边统一活动。具体来说，大学英语教学的内涵主要包括以下几个方面。

(1) 大学英语教学带有目的性。大学英语教学根据不同的教学阶段，划分出了不同的教学目标。具体的教学目标又带有层次性和领域性。

(2) 大学英语教学带有系统性和计划性。它的系统性体现在教学的管理者和制定者上，主要包括行政机构、教研部门和教学管理者。大学英语教学的计划性指的是对英语基础知识进行的计划性教学。

(3) 大学英语教学的实施需要采用科学的教学方法和技术。英语教学历史悠久，在实施过程中形成了大量的教学方法。随着现代科学技术的发展，大学英语教学科研借助的教学技术也相应增加。

鉴于此，大学英语教学可以被概括为：教师在教学目的和教学目标的指引下，在有计划的系统性过程中，借助科学的教学方法和技术，对英语基础知识和英语文化进行的教学，以期促进英语学生的整体素质和语言能力的提高与发展。

四、大学英语教学的定位

(一) 大学英语定位原则

大学英语定位应遵循科学性和导向性、合理性与可操作性、适时性与实用性原则。培养目标、语言教学的特殊本质和学生生源与发展的实际是制约目标定位的因素与策略。大学英语教学应以实施素质教育为主题、以提高教学质量为核心、以提高英语综合应用能力为重点、以创新大学英语教学模式为突破口、以提高教师教学能力为保障。

(二) 院校大学英语教学定位

大学外语教育是我国高等教育的重要组成部分，对于促进大学生知识、能力和综合素质的协调发展具有重要意义。大学英语作为大学外语教育最主要的内容，是大多数非英语专业学生在本科教育阶段必修的公共基础课程，在人才培养方面具有不可替代的重要作用。大学英语课程应根据本科专业类教学质量国家标准，参照本指南合理定位，服务于学校的办学目标、院系人才培养的目标和学生个性化发展的需求。大学英语课程是高等学校人文教育的一部分，兼有工具性和人文性双重性质。大学英语教学目标是培养学生的英语应用能力，增强跨文化交际意识和交际能力，同时发展自主学习能力，提高综合文化素养，使他们在学习、生活、社会交往和未来工作中能够有效地使用英语，满足国家、社会、学校和个人发展的需要。根据现阶段基础教育、高等教育和社会发展的条件现状，大学英语教学目标分为基础、提高、发展三个等级。

第二节 大学英语教学的语言认识及语言教学

一、大学英语教学的语言认识

（一）语言的定义

首先，语言是一种系统。语言不是杂乱无章的，不是语言材料的任意堆砌，语言材料的任意堆砌不可能进行有效的交际。要有效地进行交际，就必须用有一定内在联系的一系列的规则来支配语言，这种有一定内在联系的一系列的规则就是一种系统。凡是系统都包括一系列既相对独立又以一定的方式互相联系的子项。系统由子项组成，又以一定的方式统摄、规约子项。在大的系统中，子项也是系统，作为系统的子项叫作子系统。无论是系统还是子系统，其内部各组成成分之间都有一定的内在联系，并受一定的规则的支配。而语言就是一个大的系统，它包括语音系统、词汇系统、语法系统、语用系统和文字系统等子系统。

其次，语言是一种音义结合体，语言在本质上是口头的。书面语言的产生远远落后于口头语言，它最初只是以文字形式对口头语言的记录。书面语言产生以后虽然也有自身的发展，逐渐形成了自己的特点，并且反过来反映口头语言，但是书面语言毕竟不能脱离口头语言。

语言表达要达到交际目的，不但要讲究语言的正确性，而且要讲究语言的得体性。所谓语言的正确性，就是语言中的语音、语法结构等都符合语言规则；所谓语言的得体性，就是表达的内容和对语音形式、词、语法结构、应对方式等的选择都符合交际对象、交际目的和交际场合的特点。语言的正确性是由语言规则决定的，语言的得体性是由语用规则决定的。

（二）语言的特征

1. 语言的交际性

人类的交际工具不只是语言，旗语、电报代码、手势、体态等都可以在某种范围内作为人们的交际工具。语言服务的领域要广阔得多，生产领域、经济关系领域、政治领域、文化领域以及人们的社会生活、日常起居无所不包。在交际过程中它不仅能交流思想，还可以传达彼此的情感，虽然人们的手势、体态等各种伴随动作也能传达情感，甚至还可以脱离语言独立地完成某些交际任务，但它们毕竟是非语言的交际工具，所表达的意义非常有限。至于聋哑人的手指语，那是为了帮助失去说话、听读能力的聋哑人进行交际，人们按照正常人的语言设计的一套特殊的语言。

认识语言的交际性对英语教学具有重要的启示。英语教学的目的是培养学生为交际掌握运用英语的能力。语言是重要的交际工具，英语作为语言是重要的国际交际工具。在教材的编写、教学内容的安排上，也要考虑作为交际运用英语的总出发点。选择那些日常生活中常用的话题和话语以利于进行言语交际活动。

2. 语言的思维性

语言是思维活动的媒介和工具。思维活动是在语言基础上进行的，思维离不开语言。英语教学也要养成使用英语进行思维和交流思想活动的能力。如果英语教学过程中不能养成使用英语理解和表达思想的能力，就难以掌握地道的英语和英语的精神实质。在用英语表达思想时，学生可以在头脑中用母语把思想描绘好，然后再译成英语来表达思想。在听英语时，学生就会先在头脑中把英语译成母语，方便理解。

3. 语言的有声性

有声性是语言外壳的有声实质。有声性是语言最本质的自然属性，音义结合是语言的起点和终点，音形义结合是语言的完美组合。人们之所以能感受和运用语言，是由于有了由口腔发出的语音作为物质外壳，是语言成为物质的、现实的、听得到、说得出、看得见、写得出的语言。

4. 语言的任意性

第一，音义的结合是任意性的，即什么样的语音形式表达什么样的意义内容，什么样的意义内容用什么样的语音形式表现是任意的。世界上之所以有多达5 500种语言，就是因为人类创造语言时在选择语音形式表达意义内容方面的不一致，因而形成了不同的语言；由于语言具有社会属性，不是自然的，语音形式和意义内容之间没有必然的本质的联系，完全是偶然的、不可解释的。

第二，不同语言有不同的音义联系。

第三，不同语言音义联系不对等。同样的语音形式，在不同的语言中可以代表不同的意义；而同样的意义，在不同的语言中可以用不同的语音形式表达。

第四，同一语言的音义关系也有任意性。如汉语有众多的方言，同样的事物在各个方言中也有不同的读音。不同方言之间，语言的音义联系也不是完全一致的：同一语言中不同方言的语音差别，也说明了音义联系是具有任意性的，不然，就不会存在什么方言差别了。

5. 语言的情感性

语言有表情达意的作用，有最完备的表情达意的功能。人们在发出分音节的有声语言时，常伴随着手势、眼神、脸部表情和身体动作等以加强表达感情的作用。语言交际活动是处于表情、动作等非语言工具的范围之中。所有这些表情动作目的是加强有声语言和加深表达情感的印象。

非语言交际方式可分为三种类型：无声的动态、无声的静态和有声而无固定语义的伴随语言。无声的动态指用点头表示同意、肯定或加重语气和表示满意的情感。无声的静态可以表达语义和情感。人站着一动不动，表达呆若木鸡的语义和惊奇、悲哀、害怕、漠然等不同情感。伴随语言是一种有声的，但是非语言的，诸如各种笑声、哼哼声等。单就笑声就有哈哈大笑、傻笑、咯咯笑、捂着嘴笑、皮笑肉不笑、苦笑、甜蜜的笑、微笑、讥笑、冷笑、假笑、阴险的狞笑、谄媚的笑，等等。

(三) 语言研究理论

1. 语言的内部研究

语言学是对语言的科学研究。发展到今天，语言学的分支相当多，这也说明了语言学是一个成熟的学科。语法学研究连词成句等制约语言行为的规则。一种语言的语法是该语言的语法规则的总和,而语法研究的对象是制约语言行为的规则。但是各研究者的出发点可以各不相同,大体上有下列各类:从研究方法看,有实证主义的语法和唯理主义的语法;从研究对象的时限看,有贯穿不同时期的历时语法和属于同一段时间的共时语法;从研究者的社会目的看,有规定性的语法和描写性的语法;从研究者的教育目的看,有供语言学研究的语法和教学用的语法;从所研究的语言范围看,有普遍语法和语别语法。

语用学研究语言符号和语境信息互动产生语用意是语言学不可分割的组成部分。人们对语用学产生兴趣。首先,结构主义语言学,特别是它的描写学派,力求把研究的范围仅仅局限在语言单位之间的形式关系方面,有意地尽量不涉及意义,"把意义排除在外"。起初是一般地涉及,后来语义分析日趋详尽。这样,不仅在词汇领域,而且在句法领域,语义研究均跃居领先的地位。在转换生成语法的语义学理论中,语句是跟虚拟的、抽象的语言使用者发生联系的。

2. 语言的外部研究

心理语言学是研究语言活动中的心理过程的学科,它涉及人类个体如何掌握和运用语言系统,如何在实际交往中使语言系统发挥作用,以及为了掌握和运用这个系统应具有什么知识和能力。从信息加工的观点来看,心理语言学是研究个体言语交往中的编码和译码过程。由于研究对象的特点,与许多学科有密切关系,除心理学和语言学外,还有信息论、人类学等。但在方法上,它主要采用实验心理学的方法。

社会语言学现在已取得了一些明显的进展。随着 20 世纪 60 年代以后语言学家对语言异质性认识的加深,社会语言学又发展出交际民族志学、跨文化交际、交际语言学、语言社会化和语言习得、会话分析、语言变异研究等学派。

(四) 人本主义语言学习理论

1. "以学生为中心"英语教学法的指导思想和教学原则

"以学生为中心"的英语教学法的指导思想是:英语教学活动要以学生为中心,以满足学生在知识上、感情上、智力上、能力上得到提高的需求为目标,充分调动学生在英语学习全过程中的积极性和主观能动性,不断在语言实践中提高学生掌握和应用英语这一沟通工具的能力和熟练程度。在"以学生为中心"的英语教学环节中学生处于第一位置,教师处于次要位置。实施"以学生为中心"的英语教学法之教学工作重点是如何最大限度地发挥学生在学习过程中的主动性。在"以学生为中心"的英语教学法中,教师仍应充分发挥其在教与学环节中的主导作用。教师在整个教学过程中应充分调动学生的积极性,有效地组织起"以学生为中心"的生动活泼的课堂教学活动,及时发现他们的困难,为学生排忧解难,成为他们学习的引路人。

2. "以学生为中心"英语教学法的具体实施

(1) 英语口语课教学的实施。"以学生为中心"的口语课堂,应该成为学生用英语来表演的舞台,成为学生用英语"谈天""辩论"的场所,这就需要教师充分利用教材的各项口语教学内容来引导学生开口。英语教材中所设计的训练题材丰富、内容广泛,而学生虽然大多处于兴奋想开口的心理状态,但又不知如何开口或羞于开口。这时教师需要采用轻松、多样的教学组织方式来营造轻松、愉快、和谐的课堂气氛,使学生融入谈天说地的舞台中。

(2) 英语精读课教学的实施。在英语学习的过程中，应该是学生学习语言，而不应该仅仅是教师讲授语法。教师在引导学生进行精读教学时，仍然要坚持"以学生为中心"的基本原则，保证让学生成为积极主动的知识吸收者，而不是被动消极的语言录音机。传统的课文阅读活动是靠教师的讲授来完成的。现在，教师可以引导学生带着发现问题的任务在一定时间内读完课文，并自行讲解所发现的语法点、语言点。在阅读理解课上，教师要给学生提供充分的运用语言技能的场所和机会，才能使学生更好地完成围绕主题文章所设计的课后练习，使他们体验到积极参与语言阅读活动的乐趣。

二、大学英语教育教学中的语言教学

（一）英语阅读教学综述

语言教学始于中世纪末的英国，但是英语教学的真正起源应该从18世纪算起，所采用的方法是语法翻译教学法。阅读教学一直伴随着英语教学的始终。语法翻译教学法以书面语为教学材料，主要通过词汇的学习、语法的掌握、句子结构的分析以及翻译活动来培养学生的阅读能力，这对后来的英语教学产生了深远的影响。在20世纪60年代中期以前，指导英语阅读教学的理论主要来源于传统的语文教学。这种理论认为，通常英语阅读在弄懂词汇的基础上就自然达到了理解的目的。这种理论片面强调词汇在阅读理解中的作用，忽视了阅读过程中其他因素的作用，从而使读者拘泥于词句的理解，被动地参与阅读教学。

将认知理论系统地应用于阅读理论的研究之中，为读者提供一种获得某种含义的途径。读者最终能否理解，首先取决于读者的认知结构。改善读者的背景知识就能改善读者的理解能力，背景知识同语言知识同等重要，二者相辅相成，是阅读过程中密切相关、不可分割的两个方面。自此之后，阅读理论的研究不断深入，并开始重视阅读的心理机制以及受这种心理机制影响的信息传递和信息处理过程，并通过对阅读行为的分析展示阅读能力的构成成分。研究结果显示，阅读过程并不是简单的信息传递和读者被动接受信息的过程，而是读者不停地对视觉信息进行解码、加工和处理的过程，涉及读者的预测机制、认知能力和语篇分析能力。理论研究者提出了各种阅读模式，用来解释阅读过程，如自下而上模式、自上而下模式、交互模式和图式理论等，这些阅读模式为阅读策略研究以及阅读教学提供了坚实的理论基础。

（二）阅读教学的理论基础

1. 语篇分析

（1）衔接。衔接是语篇特征的重要内容，它指通过语法和词汇手段把语篇中的句子或较大的语段的意义紧密联系的现象。

参照。有些语言单位本身不能做出语义解释，需要参照另外的一些单位才能明确它们的意义，这些单位之间就构成参照的关系。从所使用的语言手段来看，参照包括人称、指示和比较三种方式。

替代和省略。一个单位代替另一个单位，就构成替代关系。有些单位被省略，就出现省略关系。替代和省略除了加强语言的结构联系外，还可以使语言富有变化，不枯燥，简洁活泼。

连接。连接成分的衔接作用是间接的，它们本身不能直接影响上一句或者下一句的结构，但是它的具体意义表明必须有其他句子的存在。连接成分表达的是语义上的关系，而不是语法关系。

词汇照应。词汇照应是指通过词汇的选择而产生的照应关系。词汇照应手段主要有重申和搭配两种。重申有重复、同义词或近义词、上下义词、概括词等四种形式。

（2）连贯。连贯指的是语篇中的语义关联，连贯存在于语篇的底层，通过逻辑推理来达到语义的连接，是一个把语篇联系起来的无形网络。一个语篇往往有一个主题，其中的所有内容都是围绕这一主题展开的，从而通过语义的关联构成一个连贯的语篇。

（3）语篇的结构。由于语篇的交际功能、语篇的主题和内容、文章的体裁、作者的风格等方面的差异，语篇的结构也多种多样，但是，同一类型的语篇也会呈现出基本相同的结构。较大的语篇通常都有开头、中间、结尾等部分。在一个语篇的内部，所有的句子都是以线性的方式依次排列起来的，但是句子之间都通过不同的关系结构连接起来。这些关系结构主要包括：顺序、层次、连环和平衡。

2. 语篇理解的模式

（1）自下而上模式。自下而上模式是一种传统的阅读理解理论，它起源于19世纪中期，采用信息加工的理论来阐述阅读的过程，是一种文本驱动型的模式。根据这个模式，理解一个语篇，读者必须首先具备一些低级或简单的语言知识。受自下而上的阅读模式的影响，传统的阅读教学主要按照词、句子，然后再到语篇的顺序，按照由低到高、由简到繁的线性信息处理过程进行。教师的主要任务就是帮助学生解决语言知识的问题。

（2）自上而下模式。自上而下模式是在20世纪60年代后期，在认知心理学的影响下而发展起来的阅读理论。首先，读者预测语篇中的语法结构，运用他们的语言知识和语义概念，从语篇结构中获取意义，语篇必须含有意义并且是用功能健全的语言表达。随后，读者从书面符号中抽样以证实他们的预测。读者在阅读时不断地从三种可利用的信息中抽样——字形读音、语法和语义。字形读音信息取自书面符号，语法语义信息则要靠读者的语言能力。在抽样的过程中，读者不必看清每一个字母与单词。

自上而下模式有很多不同的变化，从总体而言，它们的特点可以归纳为以下几点：认为阅读是一种主动在读物中寻找意义的思考过程；强调读者已掌握的知识与技能在理解中的作用；认为阅读是有目的性与选择性的，读者只专注于实现他们的目的为必不可少的方面；认为阅读有预见性，已掌握知识与对理解的期望以及阅读目的之间相互作用，使读者能预见读物的内容。

（3）交互模式。图式理论认为"阅读图式"可以分为语言图式、内容图式和形式图式三种。语言图式是读者掌握的语言知识以及运用语言的能力，指读者已有的语言知识，即语音、词汇和语法等方面的知识。一般说来，读者的背景知识越丰富，就能将越多的注意力集中在高级阶段的信息处理和提出假设上，从而更好地理解文章。充足的背景知识甚至可以对较低的语言水平产生一种补偿效应。也就是说，背景知识可以在一定程度上弥补语言水平的不足，以保证读者顺利阅读文章。形式图式指读者对语篇结构的熟悉程度，即通常所说的语篇知识。

图式的类型多种多样，每个人的大脑中都储存有许许多多的图式。面对具体问题的时候，这个图式发挥作用以解决问题。当文章所提供的信息与读者的心理图式不吻合时，自下而上的材料驱动将发挥作用，帮助读者利用已有的知识，选择合理的解释。同时，这两种运作的相互补充作用对于读者的阅读理解有非常重要的意义。在阅读教学中教师应引导学生充分运用已有的图式知识去吸收掌握新的内容，充实、丰富其图式结构，这有助于提高学生的理解能力和阅读速度。

3. 阅读速度与理解率

阅读教学的目的首先在于培养学生的阅读能力，而衡量阅读能力的基本标准包括阅读速度和理解的准确率。以英语作为本族语的读者通常根据阅读目的、阅读材料的难度以及自己所熟悉的背景知识，以三种速度进行阅读：第一种速度为学习速度，这是用来阅读教科书和法律文件等材料的慢速阅读。第二种速度为中等速度，这是受过教育的本族语读者用来阅读报纸、杂志、小说及故事等日常材料所用的速度。第三种速度为略读速度，这是本族语读者快速浏览所读材料，对理解不做要求时所用的最快速度。

(三) 大学英语听力教学

1. 英语听力教学综述

人们对于听力教学态度的转变在很大程度上是因为输入输出假说。该假说认为第二语言习得有赖于大量的语言输入信息，即可理解的输入。也就是说，没有足够的语言输入，学习者是不可能有语言输出的。在自下而上的处理模式中，听是一个线性的数据处理过程，理解的程度取决于听者是否成功地对所听到的口语材料进行解码。与此同时，会话分析以及语篇分析的研究成果也对听力教学产生了一定的影响。通过这些研究，人们对口语语篇的结构有了一定的了解，意识到单靠把书面语篇朗读出来不能给学生提供合适的听力材料。听力教学中教师必须向学习者提供适合他们需要和水平的真实的口语材料，真实性因此成为选择听力材料的一个重要标准。

2. 英语听力教学的理论基础

(1) 听的心理过程。在听、说、读、写四项技能中，听被称为"接受性技能"，但是这并不意味着听就是一个被动接受的过程，实际上听是一个非常主动的、积极的信息处理过程。心理语言学的研究表明，听的过程与人的记忆具有密切的关系。外部信息经过感觉器官时，按输入的原样，保持一个极短的时间，这就是感知记忆。短时记忆又称工作记忆，是指信息一次呈现后，保持时间在一秒钟之内的记忆。短时记忆与感知记忆不同，感知记忆中的信息不被意识，而且是未被加工的；而短时记忆是操作性的、正在工作的、活动着的记忆。短时记忆中的信息既有来自感知记忆的，也有来自长时记忆的。因为当人们需要某些知识、规则时，便从长时记忆中提取，提取出的信息只有回溯到短时记忆，才能被意识到和备用。

听的心理过程具有三个主要特点：第一，听是一个积极的过程。在听的过程中，听者并不是被动地接收信息，而是通过积极参与调动大脑中的已有的语言知识和背景知识进行积极主动的识别、分析和综合，来理解说话者所传达的信息和意图。第二，听是一个创造性的过程。意义并不是现成地存在于语言材料之中的，不同的听话者对于同一个单词或句子可能会有不同的理解。第三，听是一个互动的过程。作为语言交际的一个重要方面，听力理解涉及说话者和听话者双方。从某种意义上讲，听力理解是交际双方在相互作用中磋商意义的过程。特别是在面对面的语言交际中，说话者可以通过听话者的面部表情和身势语来判断听话者是否理解自己的意义，并以此来调整自己的语言。

（2）影响听力的因素。第一，语言本身的因素。扎实的语音知识是听力理解的基础。在英语中，有些语音对于中国学生来说是比较陌生而且是难以区分的，尤其是某些元音。在某些辅音簇中的某个辅音也往往会被省略或同化掉。当然，口语的理解并不完全依赖于对于相似的语音的区分。在许多情况下，上下文的意义可以提供足够的信息帮助听者辨别语音。

掌握足够数量的可感知的词汇是听力的基础。对于英语学习者来说，遇到生词往往会导致他们突然停下来考虑生词的意义，从而导致错过其他的内容。词汇量的不足有时还表现在学习者词义的掌握过于狭窄，对一词多义不太清楚，这种情况很容易导致听者的误解。

第二，语言背景知识。语言背景知识对于听者正确地获取信息也是极为重要的。根据图式理论，听的过程就是听者利用大脑中储存的文化背景知识对新的信息进行加工整理的过程。听者需要对所获得信息进行分析、选择、整理，从而获取新的知识。在听的过程中，听者会根据这一图式以及所听到的内容对先前的预测进行验证并补充其中的部分细节。新的信息越多，处理的负担越重。也就是说，听者已知的信息越多，听起来的难度就越小。

第三，分析综合能力。听是一种接受性的语言技能，在听力训练的过程中，听者无法控制所听到的材料的难度、速度、语调和节奏。这些客观因素有可能会对听者造成一定的心理压力。而且，在听力课上，学生的心理活动容易处于一种抑制的状态，思维变得迟钝，不容易发挥学生的主动性和积极性，课堂气氛也比较沉闷。

（3）会话含义。会话的含义即通常所说的"言外之意"。在交际中，只有正确地捕捉这些言外之意，才能真正理解说话者的意图。理解会话含义是听力教学的重要组成部分。会话受到一定条件的制约，参与会话的人要朝着一个共同的目标，互相配合。

3. 英语听力课堂教学

（1）听力策略的培养。听力策略是加强听力理解和回忆所听内容的技巧或者活动。听力策略可根据处理信息输入的不同方法来分类，主要包括自上而下和自下而上两种方法。自上而下的方法以听者为出发点，听者应了解话题所涉及的背景、上下文内容，文章的类型和语言。他们能够确定在特定的语言环境中使用哪种听力策略最为有效，能够检查他们的听力理解是否准确，所选择的技巧是否有效，并且通过是否达到了听力理解的目标，是否在听的过程中选择了有效的听力技巧来评估他们的听力行为。

（2）英语听力教学的阶段。英语听力教学可以分为三个不同的阶段：听前阶段、听中阶段和听后阶段。在听前阶段，教师需要确定以下几个问题：所听材料的大体内容和听的目的；是否需要补充一些背景知识或语言知识；采用何种方法进行听力训练，是自上而下的方法还是自下而上的方法。这些活动目的在于帮助学生激活相关的背景知识、预测将要听到的内容、解决可能碰到的语言问题以及背景知识的问题等，以便使学生尽快进入听的状态。

听后阶段是指学生在完成听的过程之后围绕听力材料进行各种活动的一段时间。有些听后活动是听前与听中活动的延伸，与前面的活动密切相关，还有一部分活动与前面活动的关系则比较松散。

(3) 听力考试应对策略。英语听力和口译能力的提高不是一朝一夕的事，而是一个循序渐进的过程，是一个艰难而漫长的过程。要多听多练，拓宽渠道，扩大知识面，加强基本功训练。在学习中注意听力技巧的培养和运用，只有掌握了听力技巧，并将其付诸实践，听的能力才会有质的飞跃。

(四) 大学英语写作教学

1. 英语写作教学的理论基础

(1) 写作的特殊性。写和说都属于产出型的技能，但是两者之间也不能对等。首先，会用英语说不一定就会写，因为写作并非简单地将日常生活中所说的话落在纸上，学生写作能力的提高不能通过其他语言能力的提高而自然而然地获得。其次，从语言神经生理基础来看，写作也有别于其他的语言技能。写作教学因而要求有自己独特的活动形式。再次，从写作的过程来看，写作具有自身的特点。在语言的四项技能之中，说和写属于产出型技能，而听和读则属于接受型技能。写作只能借助文字和符号来表达思想，没有面部表情、手势、身体动作以及语音方面的辅助，也没有即时的反馈。

(2) 写作的过程。表达主义者把写作视为"与写作结果同样重要的发现真正自我的创造性活动"，写作教学应该个性化，教学活动要帮助学生发现自我，真正地表达自己的内心情感与思想。根据认知主义的思想，过程教学法重在开发学生内在的心理过程，尤其是写作过程中的认知与元认知策略，其教学包括创造和写前准备、撰写草稿、修改、合作写作、反馈、反馈后的修改和定稿等阶段。

写作是一个作者与读者之间的交际过程，其中涉及信息的产生、处理和传递，是一个复杂的感知过程。要在写作过程中完成上述交际过程有两个关键因素：一方面要给学生充足的时间进行构思；另一方面要从读者那里获得信息反馈，以便进行修改，使内容和形式臻于完善。

(3) 母语与二语或者英语写作。母语思维是二语习得过程中的常见现象，母语思维在二语或者英语写作中的作用也引起了研究者的注意。用英语写作文，特别在英语学习的初级阶段，似乎无法避免以母语为中介，许多人认为用母语思维会干扰英语学习的进步。国内的有关研究者也对此进行了一定的研究，研究结果表明，汉语思维对于英语写作具有很大的影响。

2. 英语写作教学方法

(1) 结果教学法。早期的英语写作教学理论主要来自经典的修辞学研究。直到20世纪60年代，英语写作教学的注意力一直集中在文学作品的理解与分析上面，其目的在于通过这些分析使学生掌握各种文体的特征和写作方法，从而能够模仿并写出自己的作品。这种写作教学方法被称为结果教学法。结果教学法的一般过程为，教师首先就某一修辞手段进行解释，然后要求学生阅读一个作品，接着教师会根据前面解释的修辞手段和阅读的作品给学生指定写作作业。结果教学法被用于第二语言或者英语写作的教学之中，其重点也在写作成品上，强调语言的正确性、作文的结构和质量。

（2）过程教学法。认知理论的影响下，过程教学法把写作看成一个发现、适应、同化的认知过程，因而强调学生要独立思考、收集材料、组织材料，对材料加以内化，并从中发现规律、掌握原理。只有这样，学生才能够创造性地运用语言知识，写出好的文章。

第三节 大学英语教学改革的目的与理念

一、大学英语教学改革的目的

（一）迎合社会发展趋势

在当今大时代背景下，国与国之间的交往日益频繁，这就要求高校学生应该努力学习语言与文化知识，获取语言与文化技能。世界是一个地球村，经济全球化使得交际呈现多样性，因此在英语教学中，教师除了让学生提升自身的语言能力，还应该提升自身的跨文化交际能力，应对交际中出现的各种变化。

（二）实现素质教育

我国对于素质教育非常推崇。作为一门基础课程，英语教学也是素质教育，乃至文化素质教育的重要项目。大学英语教学是实现素质教育的一个重要工具，也可以说是一个主要渠道。这是因为，英语教学除了知识传授，还有文化素质与文化思维的培养，这与跨文化教学的要求有异曲同工之妙。因此，在教学中，教师必须将语言与文化的关系处理好，引入西方国家文化，汲取其中的有利成分，发扬我国的文化。

（三）发展批判性思维

在新的时代背景下，大学英语教学应该不断培养学生的批判性思维，让学生对本国文化加以反思，然后采用多元文化的有利条件，对文化背后的现象进行假设，确立自己的个人文化观念。

（四）树立多元文化意识

对世界文化多样性的了解，有助于人们建立多元文化的意识与观念。不同文化产生的背景不同，是不能相互替代的。基于全球化的视角，各个文化群体之间的交流也日益频繁，因此需要对异质文化予以理解与尊重，努力避免在交际过程中出现冲突。在新的时代背景下的大学英语教学中，教师应该努力让学生积极理解不同文化，让他们对自身文化有清晰的了解，同时以正确的心态对待他国文化，应对世界的多元化。

（五）为学生创造学习异质文化的机会

当中西方两种文化互相接触与了解时，不可避免地会遇到碰撞的情况，并且很多时候也会感到不适应。因此，大学英语教师应该帮助学生避免这一点，让他们有更多的机会了解异域文化，提升自身的文化适应力。

（六）利于满足社会对英语人才的需求

时代不同，社会对英语人才的需求必然也存在差异性，因此英语教学的模式也必然存在差异。近些年，随着全球化的推进，国与国之间的交往更为紧密，这就需要英语发挥中介与桥梁的作用。英语运用得是否流利、准确，直接影响着交际的开展。因此，21世纪对英语人才的需求更大，要求更高，开展英语教学显得更为必要，与21世纪的社会需求相符，也有助于培养出高标准的英语人才。

二、大学英语教学改革的理念

（一）以人为本理念

英语教育、课程与教学的根本主导思想是要充分体现以人为本、以人的发展为本的思想。英语教学以人的发展为本的思想，根植于马克思主义哲学对人的本质，人与客观世界、社会文化的关系，人的主观意识、思维与外在世界、社会思想化的关系以及人的生命活动与语言的关系等问题的精当且深邃的论述之中。

1. 英语教学要以人为重

人的本质首先体现为物质世界中的现实人，现实人既是自然人，更是社会人；其次体现在人们与社会和思想文化的关系之中，人与人的关系是一切社会关系的总和。在人与人的社会关系和社会交往过程中，人们运用语言表情达意，或记录传承人类积累的物质文明和精神文明成果的精华，因而逐渐超越自然人，优越于自然人，最后成为社会人。

人之所以能超越和优越于自然人成为社会人，最根本原因就在于人与人在社会中使用了语言这个最常用且最有效的信息交流和沟通的交际工具。

2. 教书育人要与社会发展紧密相连

课程与教学的本质是教书育人，是既能促进学生德、智、体、美、劳综合素质的全面发展，又能使其个性化获得充分的发展。人是社会的人，一方面人的发展需要以社会为依托，人脱离了社会就不能成为社会人，就难以生存和发展；另一方面社会的发展也离不开人，社会是由人组成的，是人群的社会，社会脱离了人也就不复存在了。这种人与社会的关系相互依存和互促发展性还表现在：一方面客观世界和社会发展制约着人的发展规律，另一方面人充分发展的目的在于认识世界和社会及其发展的客观规律，并根据其内在逻辑发展规律能动地、创造性地改造世界和社会，并不断推动世界和社会的物质文明和精神文明的发展；而世界和社会的发展又反作用于人自己，不断促进人的充分全面发展和个性自由解放。

3. 意识和思维的客观本真

人的意识和思维活动既有客观性的一面，也具有主观性的一面，但客观性更是其本真性的体现。人的意识和思维活动的基础是外在的客观世界和现实社会，外在世界客观存在于人的意识和思维活动之外，不依赖于人的意识和思维活动，不以人的意志为转移。外在世界第一性是本原，意识和思维活动是第二性的，是被决定的。

物质世界是人的观念、意识和思维形成的基础，观念、意识和思维具有客观现实性，这就是意识和思维客观性实质的诠释。而意识和思维活动又是人的主观性的心理活动，外在世界和现实社会的客观存在，需要通过人的主观意识和思维活动才能被证实和阐释。

4. 语言与人的生产活动息息相关

在现实社会中，人的生产活动与语言息息相关。人之所以成为社会人，人与人之间交往、人与社会之间的关系和人的日常生产活动无不都是借助语言这个交往载体和交际工具来实现的，人的一切日常生产活动也无不存在于特定物质世界和现实生活与语言交际行为的联系之中。

语言是人的主观意识、观念和思维的物质外壳，是意识、观念、思维内容的物质载体，因此不仅物质世界表现于语言之中，而且意识、观念、思维的内容也寓于语言之中。语言是意识、观念与物质世界存在关系的中介、媒体和桥梁，正是由于两者的联系之间存在着语言这个媒介和桥梁，才使这种联系成为可能并获得不断巩固和发展。

（二）语言能力发展理念

对于在课堂环境中的外语学习者而言，其外语能力要得到发展，通常需要具备以下几个条件。

1. 外语学习中必须要有足够的可理解性输入

合适的语言输入需要充分考虑并切合学习者当前的语言认知水平，并且遵循自然语言习得顺序。他假设学习者当前的语言水平为 i，那么可理解性输入水平就被定义为"i+1"。通俗来说，可理解性输入就是指"学习者垫垫脚就能够得着"的输入，是一种精心调校好的语言输入。

2. 语言能力的发展必须以语言使用为前提

语言能力的发展必须以语言使用为前提，语言输出为语言能力的发展提供了强大的驱动力。语言输出并非语言学习的结果，而是语言学习的过程。要使学习者成功地习得语言，仅仅依靠语言输入是不够的，还要迫使学习者进行大量的语言输出练习（pushed output）。

语言输出的各种功能也得到了大量实证研究的支持。虽然语言输出在语言能力发展中的重要性无可厚非，但是语言能力发展的驱动力可能不止这些，还有其他的因素在发挥作用，意义协商便是其中之一。

3. 语言使用必须基于交际

语言使用必须基于交际，以意义为导向，且语言使用者有足够的注意力关注到语言形式。因为只有在语言使用中，才能真正地实现语言的形式、意义和功能的有效整合，才能真正促成语言能力的发展。语言使用要以意义为导向，就必须要有大量的互动，互动的形式可以多种多样，可以在同伴间进行，也可以在师生间开展。

在语言输出的过程中实现了互动，使用者就能进行意义协商，促进互动调整，有效地把输入、学习者的内在能力（尤其是选择性注意）和输出三者联系起来。通过协商，学习者会注意到自己的语言知识和目的语语言知识之间的差异，明晓自己语言知识的欠缺和不足。

4. 语言能力的发展需要大量的负面证据

语言能力的发展需要大量的负面证据（negative evidence），需要外界的反馈（feedback）和提醒。外语能力的发展绝非一蹴而就、一帆风顺。学习者从一开始便是磕磕绊绊，不断地在试验自己的语言假设，可以说语言能力发展就是学习者不断确认和否定自己语言假设的过程，而在这个过程中，反馈的作用无可取代。当学习者在语言使用的过程中出现了使用错误时，同伴或教师如果能够及时给予提醒或更正，将有助于学习者在实现交际功能时关注到自己的语言形式，注意到自己的语言形式与目的语语言形式的差异，实现语言知识的内化。

对于反馈作用的认识是伴随互动假说而生的，近年来一直是语言研究的热门话题。相对而言，口语反馈的作用已经得到了认可。大量的研究表明，在外语学习者进行口语交际过程中，采用恰当的反馈形式，如重铸（recast）、请求重复等手段，可以显著提升学习者的语言表达能力，并促进语言习得。对于书面语反馈，仍然存在争议，争议的焦点在于书面写作对于提升学习者的写作能力和促进习得是否存在作用。

总之，由于外语学科的特性，相比其他学科而言，外语学习在认知上的挑战不大；外语学习或教学中的认知成分只是为了更好地促进外语学习者的语言能力发展。根据最新的学习理论，外语学习的认知目标不再局限于知识、技能上，语言能力作为一项综合性能力，得到了更为宏观的定义。

（三）情感发展理念

人类既具备认知能力，也具备情感能力。学习者在外语学习过程中会受到诸多情感因素的影响，这是不言自明的。某些情感因素是积极的、理想的，而另一些则是消极的、不理想的。既然如此，那么在教学过程中，教师和学生自然应该想方设法地去追求积极而理想的结果，极力避免消极的、不理想的结果。从这个意义上讲，那些积极的、健康的、理想的情感作用结果正是教学所要追求的情感目标。

将情感培养作为外语教学的目标之一，不仅有教育学、人本主义心理学（humanistic psychology）的理论基础，而且也是培养综合素质人才的客观需要。一方面，学习要靠人来完成，解决不好人的情感问题，语言学习是不可能取得成功的。另一方面，教育的作用不仅仅局限于能力的训练和技能的学习，培养积极、健康的情感涉及人的全面发展，在某种意义上似乎比知识的传授更重要。

那么究竟什么是外语学习和教学中的情感呢？情感具有普遍性，易于感觉而难以定义。在日常生活中，人们也会经常谈及个人情感，所以广义的情感是指制约行为的感情、感觉、心情、态度等。但是，具体到外语学习和教学中，所谈及的情感主要有动机（motivation）、焦虑（anxiety）、抑制（inhibition）、外向/内向（extroversion/introversion）以及自尊（self-esteem）等。

情感态度在外语学习中发挥着重要的作用。情感态度是外语学习的动力源泉。情感态度也会随着外语水平的提升而不断得到增强。从认知心理学的角度来说，情感之所以作用于外语学习，主要是因为其与人类的记忆有着千丝万缕的联系。

情感态度在外语学习中发挥着重要作用，外语教学中理所当然要强调情感学习。因此，我国的英语课程标准都在各个级别中设定英语学习中的情感目标，这体现了对情感学习的重视，从历史的角度来看，这是一个巨大的进步。

近年来国内对于动机的研究表明，中国英语学习者的动机类型以工具型动机为主，且动机与学习策略、观念之间的关系较为稳定。另外，学习成绩与动机水平之间呈现出高度相关。这些研究发现对外语教学具有启示作用：外语教学中应该重视学生的动机培养，培养方式可以多种多样，如开展多样的英语活动、提高课堂的趣味性、鼓励学生课外阅读等。

焦虑是影响语言学习的又一重要情感因素，是指一种模糊的不安感，与失意、自我怀疑、忧虑、紧张等不良感觉有关。语言焦虑的表现多种多样，主要有：回避（如装出粗心的样子、迟到、早退等）、肢体动作（如玩弄文具、扭动身体等）、身体不适（如腿部抖动、声音发颤等）以及其他迹象（如回避社交、不敢正视他人等）。这些是学习者在学习过程中，尤其是在课堂环境中常见的现象。

学生在语言课堂上担心自己能否被他人接受、能否跟上进度、能否完成学习任务，这种种担心便成了焦虑的来源。焦虑可以分为三类，即气质型、一次型和情景型。

气质型焦虑是学习者性格的一部分，也更为持久。这类学习者不仅仅在语言课堂上存在焦虑，在日常生活中的很多场合都会表现出不安、紧张等情绪。

一次型焦虑是一种即时性的焦虑表现，持续时间短，且影响较小，它是气质型和情景型焦虑结合的产物。

语言学习中更为常见的是情景型焦虑，这是由于具体的事情或场合引发的焦虑心理。比如，考试、课堂发言、公开演讲等。

可以说，焦虑是一种正常的心理现象，任何个体都存在一定程度的焦虑心理，外语学习者自然不会例外。产生焦虑的原因也会多种多样，但是总结起来无非有以下两点：首先，学生的竞争心理与生俱来，学习者一旦发现自己在与同伴的竞争中处于劣势，便容易产生焦虑不安的心理；其次，焦虑心理也与文化冲击有关，外语课堂上传授的文化知识对母语文化本身便是一种冲击，学习者也会因为担心失去自我、失去个性而产生焦虑。总体而言，焦虑会表现为用外语交流时不够流畅、不愿用外语交流、沉默、害怕考试等。

长久以来，焦虑一直被视为外语学习的一个障碍，这是一种误解，是对焦虑的作用的误读。焦虑最初是运动心理学的重要研究内容，研究将运动员按照焦虑水平分为三类，即低气质型焦虑、中气质型焦虑和高气质型焦虑。然后比较三类运动员的运动成绩，结果发现中等气质型焦虑的运动员成绩最好。

（四）个性化教学理念

1. 个性化教学即适应性教学

早期的个性化教学即调适性教学，其实通过班级编制的调适来减少学生个体差异的范围程度。因为学校的学生数量多，使得学生的水平参差不齐，这就给教学带来了较大困难。调适性教学的个别化方式主要为同质分组，涉及学区内分校、校内分班和分组等。

当代个性化教学强调调适的适应性，即个性化教学就是适应性教学，就是要求教学安排适应个别差异的环境条件，创设相应的情境，建构相应的课程知识以及建立相应的评价制度等。个性化教学的实质是使教师和学校管理者尝试用适应学生的教学，让他们在个性、社会性和学术性等方面的成长超过传统的非个性化的教学。学习过程的核心是教师适应学生。

2. 个性化教学即分化教学

在以往的教学中，出现了一个很大的错误，即将所有儿童看成毫无差异的同一个体，并且用同一种方式教授，所有儿童。分化性教学即用分化适应学生差异性的个性化教学。有的学生喜欢踢足球，有的喜欢听故事，有的喜欢学数学；他们总是以不喜欢的方式识字，但是他们总是在被尊重、感到有价值时感受到胜利。

兴趣即学生对特定专题或者技巧的好奇心、爱好与偏爱。一位学生对数学感兴趣而喜欢分数；另一位学生对医药感兴趣而被允许创造医药产品。

学习意向即人的学习倾向，其由智力倾向性、性别、文化、学习风格等组成。一些学生倾向于与他人进行思想交流；一些学生倾向于单独作业与写作；一些学生倾向于从部分到整体的学习；一些学生倾向于借助大幅的图画来感知、理解具体的内容；一些学生倾向于以逻辑与分析的方法学习；一些学生倾向于创造性的、应用定向的学习。

分化性教学强调的是以异质分组的形式调整班级内部的个体差异，以实现个性化教学。学生的差异性是一种合理性的存在，分别分组就必然要体现这种差异性，这就是随机分班分组。经过一段时间的教学，通过测验了解学生的成绩与水平状况，之后分成若干小组，由一部分学生借助各种视听工具等教学手段自主完成作业。之后，将特别好的学生集中起来，将特别差的学生也集中起来，由教师分别给予特别指导。在这种情况下，教学并不否定同质分组，而是将同质分组和异质分组有机地结合起来。

3. 个性化教学即全纳性教学

在个性化教学中，不同学生喜欢不同类型的学习活动，如理念性学习、经验性学习、创造性活动学习等，理解一个故事、描述一个故事、构思作者性格特点……课堂作业没有任何标志，仅有对学生个体的尊重。

教师向学生阐明保持与理解的本质是个性化教学的本质。教师应让学生理解每一门学科的基本概念、原理和技能。教学过程是每位学生的个人成长与个体成功的过程。要想让个性化教学适应学生之间的个别差异，就要对个体差异的特点有所了解。实际上，学生在能力、个性和学习风格、学习愿望、学习步调等方面均存在个体差异，这种差异可能是永久的，还可能是暂时的。

（五）自主学习理念

广义上的自主学习是指人们通过运用多种手段与途径开展有目的、有选择的学习活动，进而实现自主发展的社会实践活动。狭义上的自主学习是指学生在教师的指导下，自觉能动地、创造性地学习，实现自主性发展的教育实践活动。

1. 自主学习的必要性

（1）信息化社会的发展需要自主学习。进入 21 世纪，为了适应科技飞速发展的趋势，适应职业转换与知识更新频率加快的要求，人们逐渐意识到仅凭借在学校学到的知识和技能已经难以适应飞速变化的环境，难以满足不断变化的社会对职业的要求。未来的社会是一个继续学习的社会，每个人都要学会终身学习。终身学习能力将会成为一个人必备的基本素质，终身教育的实现就必须以个体的终身学习为保证。

（2）现代英语教育的目标需要自主学习。提高学生的交际能力和全面素质，是现代教育倾向的一个目标。传统的学习方式过于注重接受与解释，而忽视了发现与探索，从而在实践过程中造成对学生认识过程的极端处理，让学生学习书本知识变为仅是直接接受书本知识，学生学习成了被动接受、记忆的过程。这种方式会限制学生的思维和智慧，并会打消自主学习的兴趣与热情。

（3）学生个体的发展需要自主学习。首先，自主学习可以促进学生个体的发展。促进学生的自我发展是自主学习的最终目标，是自主学习的宗旨。自主学习的最终目标是学生主体性的发展，当人们处理自身与自然、社会的关系时，人们对环境的积极改造是首位的，在改造环境与变革社会的过程中实现着人自身的发展和社会历史的进步。在学习中学生的主体地位是在学生从事主动学习的实践活动中实现的,学生是学习的主体,不但要学习科学文化知识,而且要了解自身的学习特征,根据自身的能力选择认知策略。

其次,自主学习可以促进学生主动性的发展。主动性的发展主要体现在五个方面:适应性、选择性、竞争性、合作性和参与性。自主学习对这五个方面均有促进和提高作用。

最后,自主学习可以促进学生自觉性的发展。自觉性具体涉及学生要有浓厚的学习兴趣,掌握学习的方法,能坚持学习,做到自动和自控。在自主学习过程中,学生是在自己的兴趣中积极地、主动地学习的,在学习中掌握多种学习技能与方法。学生除了要正确、客观地对自己进行评价,还应适时激励和调节自己的行为,拥有健康的心理品质。

2. 指导学生开展自主学习的方法

(1) 为学生创设情景,营造良好的课堂气氛。在教学过程中,教师应尽可能为学生创造自主合作的学习情景,让学生在合作的环境下,培养独立思考和自主学习的能力,充分激发学生的学习兴趣,使学生成为学习的主人,营造浓厚的课堂氛围。

(2) 引导学生的参与意识,学会自主质疑。教学的根本目的是引导学生主动思考,而思考的起点就是疑问。"疑"可以让学生在认知上感到困惑,出现认知冲突,形成探究性反射,从而产生思维活动。

(3) 为学生留有充足的时间,创造自主思索的空间。教师要将学习的主动权留给学生,尽量用启发、引导的方式激发学生的学习欲望,提高学生的自主学习兴趣。在实践过程中,教师要给学生足够的时间去操作、思考和交流,将教师的教学活动转化成学生的主动求知,从而培育学生的自主学习意识。

(4) 让学生体会到成功带来的快乐,师生共同分享成果。在自主学习过程中,学生应该通过自己的努力体验获得知识,教师要给予评价,多鼓励,少批评,共同分享学生的成功。这样不但能加深学生对知识的印象,而且能激发学生学习的积极性,真正使学生愿学、善学和乐学。

(六) 主观能动理念

1. 以学定教

我国传统的英语教学理念:以教定学为主,把学生当作接受教育的对象和接受知识的容器,而学校则是生产这些产品的工厂,只注重这些产品的学习成绩,却忽略了学生个性的发展。

正确的学习理论和学习理念则倡导以学定教,以教导学,把学生看作学习的主人,学生是在教师的指导下积极主动地学习知识、技能、能力,让学生的个性充分发挥出来,真正做到以学定教、以教导学和教师的指导性相统一。

以学定教不但根据学生已有的知识、经验、需求,遵循学生学习知识、发展能力的规律,确定教学目标、内容、策略方法和评价措施,也立足于激励学生能够积极主动地学习、能主动地思考和运用知识的过程,既立足于学生群体,也立足于学生个体。由于每位学生潜在能力和创造力都存在一定的差异,因此要注重学思结合,倡导启发式、探究式、讨论式、参与式教学,注重知行统一,注重因材施教,使每一位学生都能获得进步。

2. 以教导学

英语教学不仅是以学定教,还需有以教导学的理念,以学定教与以教导学是对立的统一体。以教导学理念认为,学生不只是知识的被动接受者和使用者,而且也是在教师的指导下能更积极地获取知识的学习者。有效的英语学习就是学生在教师的指导下,根据自己已经掌握的英语知识,不断接受和理解新的英语知识。所以,学习英语不是一味地接受知识,更何况学生本身也不是接受知识的机器。学习应该是学生在教师的指导下,根据自身的兴趣和能力,积极主动地去学习,以师生互动的形式来接受知识,这样学生才能更好地理解并掌握知识。

3. 多学精教

大学英语教学不仅是以学定教,以教导学,而且还需多学精教。英语教学不仅是师生之间的互动过程,还是师生和外界环境之间的互动过程,更是师生之间情境交融的多向互动的过程。多学精教理念是指在师生、情境、英语、情意互动的过程中学生要积极主动地多学、多用,而教师则充分利用具体、客观的情境在学生已有知识、经验的基础上精教知识的重点和难点,以便腾出更多的时间让学生多学、多用。

英语教学只有在具体的情境中,并在学生已有的知识、经验基础上进行教学才能达到精教知识的重点和难点的目标,并更易被学生理解和掌握。因为环境是语言现实的体现,如果没有客观的语言环境,那么语言就缺少了存在感,也难以理解和掌握;在学生已有知识和经验基础上精教新知识,既能节约教的时间,又便于学生理解和吸收,而且新旧知识融合所形成的新知识结构网络,也有利于记忆和快捷提取运用。在具体的情境中,并在学生已学知识和已有记忆的基础上精教,自然就能腾出更多的时间给学生学。

4. 不教自学

英语教学不仅是以学定教、以教导学、多学精教,其最终的目标恰是不教自学。教是为了不教,不教是为了能自学。终身享受自学的乐趣是学生学习的最终目标,也是学生学习最理想的追求。语言沟通的本质特征是具有双向或多向的交流性和沟通性,而且双方或多方都是不依赖于他人独立、自主的个体。这就是不教自学的自然境界。

5. 教与学的和谐互动发展

除学生以外,教师是一个重要角色,教育大计,教师为本;教育教学改革,关键在教师;只有有了好的教师,才可能有好的教育。因此,以学定教和以教导学两者之间具有内在逻辑联系。教师不只是知识的载体、来源,也是传道、解惑的,教学不但不能以教定学,把教师作为主体,而且也不能排斥以教导学,仅仅把学生作为主体。

教师应该教会学生学习和运用知识的方法,所谓"师傅领进门,修行在个人",但是这并不是否定教师的作用,而是更多地强调教师对学生的引导作用。因此,师生之间应该互敬互爱,教师应该尊重学生的人格,学生应该尊重教师的付出。尤为重要的是,英语教学不能止步于以学定教、以教导学。以学定教、以教导学还需通过多学精教才能最终通达不教自学的最高境界。因此,以学定教、以教导学、多学精教、不教自学是一个蕴含内在逻辑联系的统一体,四个方面互动、生成才能达到英语教学理想的目标。

第二章　大学英语基础教学改革

第一节　英语听力教学改革

一、大学英语听力教学改革与定位

想要有效的推进英语听力教学改革，需要从几个方面着手，其一要让学生积极主动的进行听力练习；其二要充分的融合听说技能培训；其三要在听力课堂教学中融入听力策略训练。虽然每一个方面都能够获得显著的成效，可是盲目的使用定会带来反作用。因此，要在改革听力教学之前，对听力课有一个准确的定位，才可以科学的提升大学英语听力教学的总体质量。

（一）大学英语听力教学改革的三个方向

1. 听力课堂教学与策略训练相融合

所谓策略训练主要指的就是听力技巧和学习者自我调节的方法，是研究外语教学过程中的重点，在听力课堂教学中融入策略训练，一方面可以培养学习者的学习兴趣，另一方面还可以提升学习者的听力水平。对于训练模式，基本上是实施准备、练习、呈现、评估、延伸这五个阶段。即英语听力教师先开展策略训练的详细解释和示范操作，学生根据教师的讲解自主操作，以此能够让师生一同进行策略的讨论和评估，从中找出哪一种听力材料适合哪种学生的语言水平，从而妥善的处理听力材料和策略培训之间的联系。

2. 自主学习听力教学方向

自主学习听力教学的应用，不但能够提升教师的教学效率和学生的自主学习能力，还能够改善师资力量的短缺现象。建构主义是自主学习的理论基础，建构主义阐述的思想是对内在心理表征过程的建构，学习者会将自身的经验和外界产生相互作用，从而构建新型的模式。建构主义理论具体关注的是学习者的主体认知过程，利用对学习者首创精神、积极性和主动性的充分发挥，实现合理建构知识的目标。

3. 视听说结合教学方向

在传统的形式下，听力课知识注重训练学生的听力能力，只因"听"是较为被动的能力，听一堂课的时间，学生极易产生疲劳和枯燥的感觉，所以很多的听力研究者试图将口语课和听力课融合为一体，加之对多媒体的应用，将英语听力课程改革成为视听说结合的教学模式。

（二）大学英语听力教学改革的特点

1. 教学手段

语言实验室已被多媒体教室与网络教室所替代。从选择听力材料的角度上进行分析，大学英语教师会青睐于试听结合的视频材料，并非是传统形式下的听力磁带。计算机和网络技术的飞速发展使得想要获取原版试听材料十分容易，增进了英语听力教学的可持续发展。

2. 教学方式

大学英语听力教学通过改革，从传统形式下的单一技能训练转变为听力技能和其他技能相结合的训练。当前的英语听力教学不单包含听力技能训练，还包含听力能力与其他能力的培养，在这种有效结合的改革之后，其他的技能随着听力技能的提升而提升，例如：听读结合、听写结合、听说结合等。

3. 教学理念

大学英语听力教学理念，已逐渐从结构主义教学转变到功能型、交际型教学。从大学英语听力教学目的的角度上进行分析，英语听力更加关注的是能力的提升。在传统形式下的英语听力训练中，一般需要大学生对每一句或每一词语都要有所领悟，注重语音的正确辨别和句子的深入理解。然而在现阶段的听力教学中主要关注的是英语听力测试的过程，并非听力学习的结果。应针对的是现实的学习任务和真实的教学材料，要在听力练习的过程中获取听力技能，实现功能型教学。

4. 以学生为中心

传统的大学听力教学中一般都会以教师和听力资料为主体，通过教学改革之后，已经从以教师为主体转变为以学生为主体，想要提升的是大学生的自主听力能力。早期的英语听力教学中，教师位居主导的位置，而当前是集课外与课内训练为一体，构成了学与教的有效融合。教师在一定程度上是教学内容的引导者、辅助者、组织者、设计者，学生则具备了较多的自我管理和自我选择的空间。

（三）大学英语听力教学改革的定位

1. 英语听力训练的课内外结合

大学英语听力教学自改革之后，就从以教师和听力资料为主体转变为以学生为主体，学生会自主的进行听力训练，英语教师一般都作为听力资料的设计者、协助者或咨询者。在进行英语听力训练的过程中，教师的首要任务就是让学生们学会听力训练的技能和方法，同时对学生的听力训练起到督促的作用。因此，在大学听力教学的过程中，应将听力策略和听力技能作为中心，培养学生熟练掌握所传授的听力的方法，并进行适当的听力课后练习，达到大学英语听力课内外结合的目的。

2. 英语听力教学模式从单一化转变为多样化

听力教学从理念一直到手段在最近几年都发生了很大的改变，大学英语听力课堂的教学模式也相应地从单一化转变为多样化。可是，大学英语听力课和阅读课相比较，能够明显看出地位的差异，听力课在大部分高校中被削减。个别的高校甚至会直接取消英语听力课教学。造成这种现象的主要原因是人们普遍觉得英语听力不用"学"，只要适当地加以练习就能够提升听力水平。对于学生自主学习来说，确实需要关注自学能力的培养，可是也不能够忽略听力技能的培养。学生的主动学习应该取决于学生的学习态度和英语基础，往往拥有较高英语基础的学生，在进行听力训练的过程中会拥有较强的语言吸收能力和很强的自控能力。可是拥有较低英语基础的学生会依赖英语教师的督促和讲解。因此，听力课堂指导是必需要做的，自主听力训练的效果应按照学生的英语基础来确定。

3. 对听力课程教学目标的思考

在大学英语教学中设有听力课，应该思考英语听力课的教学目标是想要提升听说能力，还是提升听力水平。如果想要提升听力水平，在对教学目标进行设定的过程中，要考虑到激发学生的听力理解能力，所设计的课堂活动和教材难度，都要将提升学生听力理解能力为标准，可以适当增加词汇难度。如果想要提升学生的英语听说水平，在设定教学目标时，需要考虑到主次之分，要将听力练习放在首位，降低与"说"相关的词汇难度，才能够在不影响听力练习的情况下提升"说"的能力。由于在听力课中培养"说"的能力，一般情况下会喧宾夺主，虽然可以将听力与"说""写"等其他技能相结合，但是最重要的还是强化对听力技能的训练。因此，若想要加强学生的口语能力或者书写能力，除了听力课之外，可以另外设置口语课或书写课。

（四）大学英语听力教学改革的趋势

1. 自主学习听力教学模式

在过去几年中，国内许多高校都采用自主学习的方式来替代传统听力教学。这一教学改革在提高学生自主学习的能力和教学的效率的同时，也缓解了师资短缺造成的压力。自主学习的教学模式的理论基础是建构主义。建构主义学习理论认为学习是建构内在的心理表征的过程，学习者以已有的经验为基础，通过与外界的相互作用来建构新的理解。这一理论强调学习者的认知主体过程，通过充分发挥学习者个体的主动性、积极性和首创精神，最终达到知识构建的目的。

自主学习听力课程的实施模式有两种，一种是将听力课程从课表上取消，改为由学生课后自学，教师只给以有限的检查和指导。一种是基于网络的自主学习听力课程。英语自主听力学习系统收集了不同体裁不同难度的视听材料，进行归类分级。学生可以按照自己的学习基础、兴趣来选择学习的内容，并自己制订学习计划，调整学习时间和节奏，进行分级学习。教师作为自主学习的指导者、帮助者和促进者，负责回答学生的问题，为学生提供辅导。

为什么听力课程采用自主学习的模式可以提高学生的成绩呢？在传统听力教学中，学生往往认为每周上完听力课就完成任务了，课后进行听力练习的意愿不强。自主学习的模式能迫使学生为自己的学习负责，上课的时间少了，但学生听英语的时间反而增加了。同时，学生能自己把握进度，听不懂的地方可以反复听，听力练习的针对性强，质量也更有保证。自主听力学习的另外一个好处是，由于没有教师提问和同伴的压力，学生在听力练习过程中焦虑度较低。自主学习教学模式也存在着一定的局限性，该模式的实施成功与否取决于学生的自学能力、教师对听力课程的规划和有效的监控机制等因素。

听力自主学习的教学模式，表面上减少了教师的课堂教学时间，但对教师的素质和角色提出了更高的要求，教师仍然要担负起是教学目标的制定者，教学活动的指导者和监控者的责任。必需发挥教师应有的作用，学生的自主学习才能取得应有的效果，否则自主性学习就会脱离教学目标而失去真正的意义。为保证学生能系统、高效地在课外进行自主听力训练，一定的监控是必不可少的。听力自主学习模式中比较常用的监控方式是"规定学习进度+课堂检查"的方式；也有学校通过定级测试来监控学生的听力训练情况。但对听力自主学习教学模式中的监控方式的作用，现有的研究中尚缺乏系统阐述和总结。我们需要进一步研究不同监控手段对学生认知、情感及个性发展上的作用及其对自主学习的促进效用。

2. 视听说结合教学模式

传统的听力课只专注于听力能力的训练，由于"听"是一项相对被动的技能，一节课听下来，学生容易感到枯燥和疲劳。因此，许多研究者尝试着把传统的听力课与口语课结合起来，再配以多媒体设备的辅助，把英语听力课程改革成英语视听说课程。

视听说课程的开展拥有众多的理论基础。认知心理学认为，人类的学习是一种特殊的认知过程，在获得知识、引起注意、保持记忆的过程中，人的感知大部分由视觉和听觉来获得。形与声，情与景的结合能促进学生有效地利用多种感官获取信息，提高语言理解和语言输入的质量。而交际教学法认为英语的教学过程是教与学双方通过运用语言知识有效地完成教与学的交际过程。把听说教学结合在一起，可以听带说，以说促听，解决了单纯的听力训练的枯燥乏味和单纯口语训练中无话可说的问题，在听说结合中促使语言知识向语言能力转化。同时，英语视听说课程大量运用多媒体材料及网络技术，为超越时空和地域的协作学习创造了良好的条件。大量的形象生动的语言素材通过声音、图像、文字、动画和真实视频等手段，在很大程度上创造出了语言学习环境中真实的或接近真实的"情境"，有效地帮助学生进行英语知识与技能的"意义建构"。

语言学习需要良好的环境，视听说课能提供近似真实自然的语言环境，激发学生学习兴趣，把语言的输入与输出结合在一起，使语言材料及其相关知识能得到深度的加工和长期记忆。但视听课的材料应如何选择，视听课堂的教学任务如何设计更合理，是需要教师和学者们进一步研究和探讨的问题。

大学英语听力教学改革并不是为了改革而改革，最为主要的目的是提升教学的整体效率。不管如何改革英语听力教学模式，听力的主体目标是不会改变的，只有正确地树立听力课的目标，才可以让大学英语听力改革不断创新。

二、构建大学英语听力教学新模式

长期以来大学英语听力教学所面临的教材缺乏新意、缺乏理论指导、教法单调等问题，影响了大学英语听力课的教学质量。为此，应充分考虑大学生逻辑思维能力较强、专业化程度较高的特点进行教学设计，可以考虑按照适当的理论指导（T）+信息指导（G）+课本辅以操作简便的多媒体手段教学（T-M）构成的T+G+TM的英语听力课教学模式，进行听力授课，以提高学生的学习兴趣和教学质量。

（一）T：适当的理论指导

传统的听力课教学由于忽视理论的指导使听力课变成了简单的实践课。教师对听力的讲解局限于只言片语的所谓听力的技巧，没有将听力的理解能力扩展到心理认知理论的语境下认识。听力课应将相关理论的补充贯穿于整个教学过程之中，引导大学生了解一些心理学的知识，充实听力课的理论内涵，提高对听力的理解能力。

1. 引导学生了解一些与心理学关联的知识

大脑的认知功能是有限的，人类不可能成为全才，即不可能对所有的知识具备横向发展、吸收的功能，就是说一个人不可能同时具备数学家和音乐家的天赋。人类的知识结构多倾向于垂直的历史发展，最终会形成对熟悉的东西不费力气就可以进一步理解，而对没有储藏在大脑记忆中的东西的理解就需要一定的过程。大脑的记忆机制是固定的，即并非人类可以将任何认知的东西均储存起来，尽管人类有储存长期记忆的功能，但由于人类自身的记忆储存会不断更新，所以就会形成新的东西不断涌入而旧的东西不断被淘汰的机制。在大脑运行机制的作用下，人类的推理功能产生。在指导学生掌握词汇等语义信息的基础上，还要指导学生运用非论证性的语用推理。对相关心理学知识的学习能够提醒学生注意培养平时知识积累的好习惯，在听力过程中通过语义信号激活知识的互文链，从而提高听力理解的质量，为掌握良好的学习方法和学习效率奠定基础。

2. 引导学生了解相关的语境理论，正确认识语境的动、静态特征，指导学生在动态语境的背景下看待词句信息

衡量语境动态性有两个标准：首先要看交际过程的每一个阶段的语境是否被激活，再者，观察交际活动开始和结束时的语境是否有所变化。静态语境模式，话语范围、话语基调和话语方式，如果把所谓的静态语境，如词语的语义功能放在一个更加宽泛的环境和范围内，就能够体会到语境活跃的动态特征，帮助学生用发展的眼光观察词汇意义不断地变化过程。对语境相关知识的了解有助于我们在听力课教学中引导学生在掌握听力内容的词汇信息、百科信息和逻辑信息的基础上，提高判断、理解、预测信息的能力和准确性。

（二）G：信息指导

语言是一种特殊的社会文化现象，它是人们在长期的社会生活实践中约定俗成的。每一种语言都是在特定的社会历史环境中产生和发展起来的，因此，每一种语言都反映出使用该语言的国家和民族在不同的社会历史时期所特有的文化现象。英语听力教学只教授语言知识、语言技能是不够的，介绍一些英语文化背景，使学生了解英、美的文化、历史和风俗习惯，能帮助学生更好地吸收和运用语言知识，对提高英语听力大有好处。

听力课教师应该针对教学过程中出现的词汇信息、百科信息进行适当的讲解，引导学生运用相关的信息内容与大脑贮存的信息建立互文链，使基础好的学生能从整体上全面理解和掌握英语语言。

首先，教师应运用语境的相关知识，引导学生将话语的语境看作一个变量，借用掌握的理论知识，用变化、发展的视角观察英语的语篇内容。再者，适当插入讲解相关的背景知识。听力课内容在信息量加大后会涉及各方面的知识，对于听力内容涉及的包括历史上英语在现代汉语中存留下的基底，各个时期外来语对英语的影响等相关知识可单独进行讲解，扩大学生的知识面。此外，教师对重要的词语能指符号也应加大讲解力度。如针对英语词汇一词多义的特点，教师应强化学生对英语同义词的辨析，引导学生学会根据不同的听力背景获取最佳关联的词汇意义的能力，学会在短时间内准确理解信息。熟悉动词的框架结构，引导学生认识动词激活语义框架的推理功能，培养学生快速搜索和对语篇的预测能力，全面提高英语听力的综合运用水平。

(三) T-M：课本辅以操作简便的多媒体手段教学

针对英语听力课教学教材内容陈旧、形式单一的突出问题，应在继续使用原有教材的基础上，增加实效性强、信息量大的英语听力内容。如条件允许，教师可以通过录制国外 BBC 或 CNN 的部分节目内容为学生播放涉及国际时事、专题采访以及财经和科技动态方面的知识提高学生听力课的兴趣，使学生通过学习国外即时的新闻报道掌握英语词汇在不同语境中的变化，有机会接触地道的英文表达方式、句法结构甚至不同的英语变体，不断提高对英语的感性认知能力和相关的知识面，也可以通过录制相关英语电台的广播节目或通过网络下载相关节目达到上述教学目的。

教师可以将现有听力课教材的内容和录制或经网络下载的英语听力节目相结合。录制的电视或广播节目可以直接播放，也可以和网络下载节目一样制作成简单的听力课教学课件。这样既充分利用了原有课本的教学内容，同时录制的节目内容或课件作为辅助手段也会加大信息量的投入，扩展学生的视野、提高学生的学习兴趣。

第二节 英语口语教学改革

一、大学英语口语教学的意义及实践

(一) 口语教学的重要意义

1. 符合语言和学习语言的规律

作为人类交际工具的语言是有声的语言。它有自己的读音、书写形式及意义。人们借助词语的音或形表达意义，交流思想。在交流过程中，通过听和读来获取信息，通过说和写来传递信息。听、说、读、写这四种能力在语言交际过程中是相辅相成的，缺少任何一种都无法进行正常的交际活动。综观现代外语教学法各主要学派，如"直接法""听说法""自觉实践法""交际法"等，我们会发现它们有一个共同的特点，就是强调口语训练在外语教学中的重要性。源于中世纪的"语法翻译法"是历史最悠久的外语教学法，但它因忽视口语训练和语言习惯的养成，过分强调语法分析和翻译理解而受到人们普遍的指责。口语训练应贯穿在外语学习中，这样才有可能使学生的语言能力得到全面发展。

2. 促进语言知识和实践的结合

学习外语要重实践。但多年来由于受传统教学法的影响，我们倾向于把英语作为一门知识课来传授，把课文分解成孤立的语言点，对语法、短语、词汇等举例讲解，以扫清语言障碍，确保学生理解所学内容。现代外语教学法认为语言的形式和语言的功能同等重要，学到的有关语言结构和词汇知识应落实于语言实践。只有靠大量语言实践，特别是口语实践才能彻底理解并熟练掌握和运用所学内容，形成语言习惯。加强口语训练是改变目前语言知识与语言运用脱节现象的一种行之有效的方法。

3. 有助于培养语感，形成用外语思维的习惯

精通外语的人，一接触外语话语就能立即领会说话人想表达的概念或事物，同时几乎不加思索就能根据具体情况运用所学语言表达自己的思想。这是因为外语语感和外语思维在起作用。语感使人们不必有意识地考虑语法和词形变化等语言特点，根据具体的语境正确地运用语言。理性分析，学习记忆语法书上的规则和词语方面的知识有助于语感的形成。"但仅仅依靠知识本身永远不能导致语感的形成，没有语言实践，它们依然只是些纯词语的、理论的或抽象的知识。"口语实践活动对于培养学生的语感是必不可少的，因为只有经过大量的口语实践才有可能形成迅速听懂词语意义的能力以及选择恰当词语口头表达自己思想的能力。

4. 促进其他语言能力的发展

在外语教学中，说不仅是教学目的之一，也是促进其他语言能力发展的一种手段。口语中的听和说是相互依存、密切联系的，通过说可以更深刻地理解话语的重音、节奏、速度、语气、语调、停顿等所携带的信息，掌握不完全爆破、失去爆破、重读、弱读、连读等发音要领。这必然会增强辨音能力，促进听力技能的提高。

口语训练对写作能力也会起到积极作用。人们在口语交流中通常运用自己熟练掌握的词语结构。这些结构也是他们用外语进行思维的要素。写作时，这些词语结构会首先从脑海里涌现出来，经过加工整理后成文。因此，用比较规范的话语进行口语训练会提高写作能力。

（二）图式理论对口语训练的启示

我们知道，人们在讲话时不仅仅依靠发音器官，还要靠平时在大脑中积累的知识。现代认知心理学的图式理论认为，人的知识是以图式（schema）的形式贮存于大脑中的。大脑所接受的各种各样的新信息均以图式编入网络中。网络中的图式包罗万象，可以是一个概念、一个词的拼写或读音，也可以是一件事或一个物体。这些图式大小不等，相互联系，有条不紊地储存在记忆中。我国学生已在中国文化氛围中建立起一个图式网络系统。在学习英语时，他们要把英语词语表达的概念与他们网络系统中的图式对比，或对号入座，或加以修饰，或构建新的图式，以建立起一个类似于以英语为母语的人们所拥有的图式网络。

人们在相互交流时，外部信息通过听觉或视觉器官激活网络中相关的图式。只有当接收到的信息与大脑中储存的图式信息吻合时，才有可能理解其内容。甲能听懂乙的讲话是因为甲内在的词语语音图式被乙发出的语音激活后，将与之相联带的概念图式"召唤"出来。处于活跃状态的图式是思维、推测、判断的基础，使我们有可能预测说话人将要表达的内容。一旦说话人所描述的内容与这些图式相吻合，它们就会被启用，有了意义。学习和应用外语的过程实际上是一个信息处理和存贮的过程。大脑指挥着视觉和听觉器官获取信息，输入的信息激活内在相关的图式使大脑能对信息进行判断理解，并对未输入的信息进行预测。用外语表达思想时也要靠大脑综合、组织图式信息通过发音器官或书写转换成语音或文字信息。可见，口语能力的强弱取决于大脑中图式信息是否丰富，外部的语音信息是否能有效地激活相关的图式以及被激活的图式经过综合整理后能否迅速地转化成语音信息。

（三）口语训练中语言信息的输入与输出

1. 语言信息的输入

我们的学生是在汉语语言环境中学习外语，主要通过教师、同学、录音、广播、电视、电影等获取外语语音信息；通过精读、泛读及其他阅读材料获取文字信息。语言材料的输入方式及学生对输入内容的态度都直接影响到图式形成的质量。在教学实践中应注意以下三个因素：

（1）教师的授课水平。在大学英语教学阶段，教师应用英语授课，介绍文章的作者及背景知识，讲解词语及篇章结构，使学生沉浸在英语的氛围中。外语教师语言水平的高低，性格是否开朗，表达是否准确流畅、风趣幽默对语言材料的输入至关重要。优秀的外语教师有很强的感染力，可以吸引学生全神贯注地听讲，打消他们讲英语时的顾虑。

（2）音像资料的利用。由于受客观环境所限，标准、规范、地道的语音输入主要靠利用外语音像资料来完成。教师应要求学生充分利用教材所配的录音，模仿录音里的语音语调。这样，课上所学内容通过课下听录音就会得到进一步巩固。此外，还可以播放一些录像、电影等，并于播放前给出资料中的一些关键词语以保证学生能听懂并理解内容。

（3）朗读背诵的效果。朗读背诵是强化语言输入的一种形式。对缺乏外语环境的我国学生来说，在透彻理解文章的基础上朗读背诵是培养口语能力的一种切实可行的办法。朗读时，眼、口、耳在大脑的指挥下相互配合，将文字转换成语音。通常要经过数次朗读后才能达到背诵的程度。在一次次诵读过程中，词语音、形、义的图式得到加强并有机地结合起来，为词语的活用创造了条件。

2. 语言信息的输出

要学好外语就必需广泛而深入地接触语言材料。大量的语言输入为语言输出奠定了基础。但我们不应认为只要保证足够的输入量就可以达到自由输出。经过模仿记忆的语言材料要经过实践演练后才有可能恰当地运用到交际中。

（1）语言与语境。应用语言的能力不能简单地理解为对所学语言知识的积累。在正常的语言交际活动中，人们通常在毫无准备的情况下，根据具体情况灵活地运用语言表达自己的思想。这是因为他们大脑中的语言知识图式已和各种语境图式紧密地结合起来，因而可以顺利地由发音器官转化成语音，成为取之可用的交际资源。虽然学生所学的课文、阅读的文章、听到的对话或短文提供了许多不同的语境，但这些语境中的绝大部分都是他们根据所给信息构想出来的，与现实中的语境有一定的差距。此外，学习材料中描述的语境并非总能与现实交际中出现的情况相符。仅凭熟记的语言材料去跟别人交谈，以不变的内容去应付千变万化的情景显然是行不通的。因而在教学实践中，应尽可能使学生把书本中学到的表达方式与他们的学习、生活及思想实际情况联系起来，让学生进入角色，提出自己的想法和观点，充分利用一切实物模拟或创造情景，使学生置身于某一特定语境去体会语言与语境的关系，领悟语言在语境中的功能意义。经过这样的训练，学生在今后的语言交际中见到某一情景或进入某一语境就可以引发他们头脑中相应的语言图式，两者能同步进行，达到表达自如。

（2）语言与表达。口语训练可分为两个阶段。在第一阶段，学生在教师的指导下，从课文或录音材料中理解吸收语言，通过句型操练、朗读背诵等方式，熟记语言结构和形式。但这仅仅是一种机械性的练习，不是有意义的交流。在第二阶段，教师结合所学内容确定某一专题，让学生通过课堂提问、讨论或辩论等形式，阐述自己的见解和想法，逐步引导学生用外语表达自己的思想，达到有意义的交流。这两个阶段都很重要，学生在会话练习前应有所准备，使他们得到的语言知识能有效地覆盖话题，尽量做到词语达意，言必有中。只有长期坚持这样的口语练习，学生才有可能学会用外语自由地表达自己的思想。

（3）语言的得体性。在学生讲外语时，常常会发现他们所用的一些词语在词汇和语法上挑不出任何毛病，但却与语境格格不入，违反了英语本族人的讲话规则。这通常与受我国文化因素的影响有关，即把我国的习俗和惯例带入英语交际中。教师应根据所教语言的内容比较我国和英语国家的风俗习惯，提醒学生注意母语和英语的文化内涵的不同，在说英语时，把握语言的得体性。

二、大学英语口语教学模式研究

（一）口语教学模式概述

教学模式是指依据教学思想和教学规律而形成的在教学过程中必需遵循的比较稳固的教学程序及其方法的策略体系，包括教学过程中诸要素的组合方式、教学程序及其相应的策略。

教学模式一般包括的基本要素：

（1）教学思想或理论。这是教学模式赖以形成的基础。

（2）教学目标。指教学模式设定的预期目标，是教学模式中的核心要素。

（3）操作程序。指具体完成教学任务的步骤。

（4）师生角色。指教师和学生在教学活动中的地位。

（5）教学策略。指教学过程中教师和学生采用的教和学的方式、方法和措施。

（6）教学评价。指对教学对象学习成效的评价。

教学模式可以根据是否指向人自身还是指向人类的学习分为四种类型：①信息加工型；②社会型；③个人型；④行为系统型。

这些模式类型经过了长期的实践检验，可以适用不同学习者和许多课程领域的需要。然而，教学模式是一种动态的结构系统。每一种教学模式都有其特定的适用对象和条件。只有将这些教学模式结合起来，才能开发出适合特定学科和对象的教学新模式。

（二）英语口语教学模式的实践探索

口语教学应以师生互动、生生互动、课内课外互动的方式贯穿于大学学习生活之中。如何既利用好课堂教学的有限时间，又能将课堂教学延续到课外，高效地完成口语教学，需要增强现代教学观念，更要重视教学方式、方法的创新。

1. 课前预习，充分利用计算机网络学习环境，培养学习自主性

学习自主性是语言学习过程中的先决条件，但学习自主性并不意味着教师对学生的放任自流，它是在学习过程中不断培养而获得的，需要不断的"教育干预"。影响语言学习自主性的主要因素是"学习动机和学习态度""学习策略"，而个体差异则在这几方面中突出表现出来。因此尊重学生个性发展，注重学习兴趣、学习主动性积极性的培养及学习策略的开发，无疑是英语教育的重点。新"课程要求"进一步明确并强调自主学习能力的重要性，不仅在实践中教师要思考学生应该学什么、怎样学，如何培养学习自主性。课前准备阶段，我们对学生要求之一就是在课前利用计算机辅助自学教材里的学习材料，从中收集和整理出实用的词汇、短语、句型，并且记忆。要求之二是鼓励学生通过网络搜寻各

种与课题相关的信息，包括更多的词汇和表达方式，有关主题的文化背景知识，甚至引发兴趣的娱乐材料。通过课前准备的两项要求，一方面帮助学生逐渐明确自主学习的重要性及方法，另一方面还激发了他们的学习兴趣，丰富了他们与语言密切相关的文化知识，使他们能积极有效地参与到课内外口语学习上来。

2. 课堂教学，师生互动，生生互动，培养兴趣，增强交流

第一，营造丰富多样的课堂环境，开展兴趣教学。口语课堂教学不仅仅是知识的传授，更重要的是如何培养学生的学习兴趣和学习主动性，并促使学生自然地将课堂教学延续到课外。为激发学生对口语学习的兴趣，课堂活动设计及课件制作都至关重要。

第二，教师为主导、学生为主体，在交际法教学原则指导下开展互动合作式教学。交际法教学强调语言的交际功能，语言运用的得体性和实用性。在模拟真实语境中引导学生进行有交际意义的可理解性输出，培养学生进行自然、流利的语言交流，是交际法教学的核心。在我们的口语课堂上，在确立以学生为主体的教学理念基础上，教师的角色定位为课堂学习的组织设计者，课堂活动的指导协作者，学生学习的评判诊断者，自主学习的启发帮助者。教师在模拟真实语境引导学生进行有交际意义的语言操练的同时，注意营造轻松愉快的课堂气氛，在组织各项课堂活动时始终保持和学生之间的地位平等，并将自己积极纳入到师生互动、生生互动的语言交流中，在适时的时候提示、纠错、点评、表扬、鼓励。课堂布局始终呈动态，不断变化。由于活动需要，学生随时会交换座位，寻找合作伙伴，移动座椅，形成不同组合。这种以学生为中心的课堂鼓励学生抛弃羞怯感，充分发挥潜能，互动合作，在完成每一项任务的同时使自己的口语能力得到快速提高。

第三，教学中知识的非自然输入不容忽视。为避免因采取以意义交流为核心的交际法教学而忽视语言形式，我们的教学还强调非自然输入对二语习得的帮助。少量时间对固定表达方式和句型的输入是每堂课必不可少的内容，它有效地将学生的注意力平衡分配在意义和语言形式之间。本着"基于课本，高于课本"的教学原则，我们的具体做法是：每节课划分出一定量时间和学生一起回顾、提炼课前自主学习知识的精华，在必要的时候适量补充课本外相关的语言、文化知识。一些专门设计的课堂练习还会引导学生反复操练这些词汇、短语和句型，一方面达到学生对语言形式的重视，另一方面达到对所学知识的检验和巩固，使语言的准确性、复杂性得到提高。

3. 课内课外互动，使课内学习在课外得以延续

通过课前对学习自主性及学习策略使用意识的培养，课前及课内对学习兴趣和动机的开发，个性及口头交际自信心的建立，重要知识结构的构建，学生已具备了在课后自主巩固知识、拓展知识的兴趣和能力。互动合作式教学模式的意义还在于课外将具有浓厚学习兴趣的学生纳入到自主学习中，使之成为课内学习在课外的延续。

我们鼓励学生在课外口语练习上保持互动合作式学习方式。课内有限的时间对于学好口语是远远不够的，大量的操练，必需由学生利用课余时间自主完成。在课堂完成的各种合作式练习中，学生或组合成对，或成组，且成员及人数不固定，已经形成了合作完成口语练习的意识。在课下，鼓励学生选择一个相对固定的练习伙伴，加入一个相对固定的学习小组，以完成不同的学习任务，在互助合作中交流、学习。除面谈、电话交谈以外，由于具备网络资源的优势，我们鼓励学生或以 E-mail 的方式与教师和同学在课下沟通，或

在班级聊天室里"会面"。师生间、生生间可以探讨学习方法、教学方式,可评点、可建议,还可以分享好的学习资料。这种互助合作的学习方法意义不仅在于帮助学生在交流、互助中高效学习,还在于培养学生的团结互助精神、集体参与意识和社会交往能力。

(三)英语口语教学模式评析

1. UPR 模式

UPR 指 Understanding(理解),Practice(练习),Rehearse(表演)。

(1)模式的操作过程。

①理解阶段。播放课文录音一至二遍,然后让学生根据录音内容回答问题。接下来让学生看课文,验证听力理解效果,并对课文难点部分做简要解释。

②练习阶段。让学生读背原文对话,上口之后做角色对话练习。

③表演阶段。邀请学生在课堂做非创造性情景会话表演。

(2)分析。

①理论基础。体现了经验主义和行为主义理论观。

②教学目标。掌握现有口语材料能进行复用式角色对话。

③操作程序。理解—操练—表达。

④师生地位。主导与主体关系。

⑤教学策略。听说模仿、读背课文、模拟对话。

⑥能力评价。能完成课文角色对话,口语清楚流利程度、表达错误较少,视为达到训练标准。

(3)评价。该模式重视口语句子的反复听说模仿,以便形成自动化的习惯,对提高口语表达流利性有较好的效果,适合语言基础和口语能力较差的学习者,但课堂教学活动主要局限口语句子的模仿和记忆练习,脱离交际意图进行纯语言形式的操练不利于培养学生的语言运用能力。第二,一成不变地会话表演并不能反映学生的实际口语能力,充其量只能反映其短时机械记忆能力,一旦遗忘,这种"表达能力"便不复存在。

2. UPP 模式

UPP 指 Understanding(理解),Practice(练习),Production(表达)。该模式脱胎于传统的 3P(Presentation,Practice,Production)教学模式。教学重点主要放在语言材料的学习和操练上,其基本操作过程是:

(1)理解阶段。教师先让学生听课文录音,然后做问答练习。再让学生看课文,并对课文的某些难点做简单解释。

(2)练习阶段。

①跟述练习。学生以两人为一组,一个读课文,另一个听并重复原文句子。

②复述练习。学生以小组为单位,分别用自己的话转述课文对话内容。

③翻译练习。一个学生把课文对话翻译成汉语,另一位学生将其译成英语。

④角色对话。学生分别担任原文对话角色进行复用式对话。

(3)表达阶段。教师给学生提供与课文大致相似的会话情景,要求学生以两人或以上为一组做情景会话练习。待学生基本完成情景会话后再邀请学生在课堂做会话表演。

①分析。

a. 理论基础。以经验主义、行为主义和结构主义理论为基础。
b. 教学目标。掌握现有口语材料能进行情景对话。
c. 操作程序。理解—操练—运用。
d. 师生地位。教师担任指导者,以学生为活动主体。
e. 教学策略。互动合作、听说并进、英汉翻译、角色对话。
f. 教学评价。能完成情景会话,口语清楚流畅性、表达出现较少语法或搭配错误者达到训练要求。

②评价。互动式口语练习能增强学生合作意识,消除紧张情绪,增强学习效果。第二,教师能创设新的会话情景,让学生学会进行模拟性交流,有利于提高学生的口语表达能力。但缺陷是,课堂教学时间主要集中在口语表达方式的模仿记忆练习上。情景会话仍然是为掌握某些特定的语言表达方式而设计的,学生没有进行真正意义上的语言运用。

3. PSC 模式

PSC 指 Pre-Functional communication(前功能交际),Situational communication(情景交际),Communicative Task(交际任务)。

(1) PSC 模式的基本操作过程。

①前交际。教师从课文对话中挑选出若干功能交际话题(如,"问候""问价""道别"等)及其表达方式,再让学生做两个话轮对话练习。

②情景交际。教师提供交际情景,学生根据情景确定若干功能话题,轮流做角色对话。

③交际任务。教师提供真实或接近真实的交际任务。学生以小组为单位,讨论完成任务的内容和表达方式,再合作完成交际任务。教师负责口语活动的监控与协助。

(2) 分析。

①理论基础。体现了功能主义和社会语言学理论观。

②教学目标。能掌握和运用功能性表达用语,顺利完成交际任务。

③操作程序。功能会话练习—情景会话练习—交际任务练习。

④师生地位。主导与主体关系。

⑤教学策略。教学过程交际化、按功能学习表达方式、情景对话练习、运用所学功能用语完成交际任务。

⑥能力评价。能成功完成口语交际任务,口语流利,语言准确得体者视为达到训练要求。

(3) 评价。PSC 模式体现了以教师为主导,以学生为主体的教学思想。第二,口语能力训练采用以功能话题为主线的互动式口语练习,避免了语言练习与功能语境相脱节的现象。第三,整个口语学习过程体现了功能化、情景化和交际化特点。但是,PSC 模式也有其局限性。它只是把学习者运用语言的能力放在第一位,把交际任务置于语言练习活动之后,而不是以交际任务为中心来组织和开展口语教学活动。

4. PTP 模式

PTP 指 Pre-task(前任务),Task(任务),Practice(练习)。这种模式是基于任务型教学模式而建构的。任务型教学的基本特征是以"任务"为核心单位计划、组织教学,以任务的完成为教学目标。

（1）基本操作过程。

①前任务阶段。教师提出单元学习的目标或任务，再学习完成任务所需的表达方式。

②完成任务。学生结对或以小组为单位完成口语交际任务。每个学生可以自由表达思想，不苛求语言形式的准确，注重意义的可理解性和连贯性。教师只监控、了解学生的活动情况。学生完成任务后，邀请部分学生在进行情景会话表演。

③练习阶段。教师归纳课文重点功能表达用语，让学生做巩固性口语练习。

（2）分析。

①理论基础。以社会语言学和系统功能语言学理论为基础。

②教学目标。掌握课文内容表达用语，能运用所学语言材料完成交际任务。

③操作程序。任务准备—完成任务—强化巩固。

④师生地位。教师担任指导者，以学生为活动主体。

⑤教学策略。以任务为中心组织教学、以完成任务促进口语技能的发展与提高、通过强化训练促进口语材料的内化过程。

⑥能力评价。以意义的有效表达为标准，不苛求语言形式的完美无缺，能顺利完成口语交际任务，视为学习达标。

（3）评价。PTP 模式是对传统教学模式的颠覆。它与 PSC 模式的本质不同在于 PSC 把培养学习者使用目的语的能力放在首位，视意义的表达为第一性，但任务型教学模式则注重"以言做事"，把完成任务放在首位，学习者有明确的交际任务，能够重点关注与任务密切相关的有意义的表达，而不是过度地关注语言形式。第二，PTP 模式把任务置于教学的中心，能够充分调动学习者的积极性，培养团队合作精神。在完成任务的过程中，学习者的互动和协商能够增加口语交际机会，促进语言能力的发展。其次，任务的完成能够为学习者提供自我评价的参照尺度，带来成就感。但是该模式过于强调语言的流利性，忽视了语言表达的准确性和得体性。

5. WTC 模式

WTC 指 Warm up（热身），Theme Discussion（主题讨论），Communicative Task（交际任务）。该模式不重视表达方式的学习与操练。教师安排学生课前预习课文内容或表达方式。课堂活动主要集中课文主题内容（如 National Hero，Environment Protection 等）的讨论，在此基础上再进行和课文主体相关的口语交际活动。

（1）基本操作过程。

①教师首先提出和主题相关的话题，让学生发表意见和看法。

②进入主题讨论：教师陈述课文主题内容和个人的看法，然后让学生课文主题展开小组讨论。

③教师提出和主体相关的交际任务，让学生做结对、小组讨论或辩论。

④学生完成交际任务后，邀请部分学生在课堂发言或进行辩论。之后教师再作点评。

（2）分析。

①理论基础。以经验主义和社会语言学理论为基础。

②教学目标。能运用已掌握的英语知识技能完成交际任务。

③操作程序。主题导入—主题讨论—交际任务。
④师生地位。主导与主体关系。
⑤教学策略。课前预习课文、主题导入热身、不做语言形式的练习、直接进入主题交际
⑥教学评价。以意义的有效表达为标准，不苛求语言形式的准确无误，能顺利完成口语交际任务，实现交际的目的者视为达标。

（3）评价。首先，安排课前预习可以让学生了解课文内容，掌握一些有用的用语，课堂有更多的时间做口语练习，但学生要有较好的英语基础、自学能力和高度的自觉性。其次，教学完全摆脱了语言形式操练的旧模式，开展以主题为中心的口语交际活动，极大地增加了学生的口语实践量，有利于促进其口语表达能力的发展与提高。最后，学生能进入真实的口语交际状态，运用英语表达自己的真实思想，能更有效地促进口语能力的习得。但是，这种教学模式对学习者的要求比较高。如果学生尚不具备表达主题内容的语言能力，这种教学模式很难获得理想的教学效果。

（四）口语教学模式的优化策略

1. 要以现代教育和教学理论为基础

任何教学改革和创新都必需以科学的教育教学理论为基础。缺乏理论指导的口语教学改革与实践会是主观经验性的、低水平的、甚至是盲目的。教学模式设计者只有具备了扎实的教育教学理论基础，才能站在理论高度，理性地思考和把握口语教学的规律，开发富有实践和推广价值的口语教学模式。

2. 要体现"以学生为本"的人本主义教育思想

理想的教学模式应该能适合大多数学生需要，能愉悦学生身心，并能充分开发其语言潜能。教育的终极目的是培养有自信、自尊、合作，有健全人体特征的社会劳动者。

3. 要在借鉴其他教学模式的基础上有所创新

每一种教学模式都有其长处，能为新教学模式的建构所借鉴。模式设计者要充分了解各种教学模式的理论基础、教学目标、操作程序、师生角色定位、教学策略、教学评价、适用对象，并根据教学的实际需要，对教学模式的结构要素进行优化和创新，开发有价值的教学新模式。

4. 以完成交际任务为目标，以交际能力培养为目的

交际任务与交际能力在口语教学中的关系应该是目标与目的关系。完成交际任务是教学的目标，而交际能力培养才是教学的目的。没有交际能力就不可能成功地完成交际任务。反之，没有交际任务导向，口语教学就会失去方向，陷入脱离社会交际功能和纯语言形式的学习与操练的误区。

口语教学模式是一套教学程序及其方法的策略体系，它是处方性的，具有操作性特点，可以为教师提供教学策略和方法。教学模式又是一个开放的系统，人们可以不断地对它们进行修正，使之得到完善和发展。口语模式的研究和开发必需以现代教育科学理论为基础，在借鉴其他口语教学模式优点的基础上进行变革和创新；口语教学模式的创建还必需遵循以"学生为本"的教学思想，坚持"任务"为目标，以交际能力培养为目的的教学理念，从而构建适和不同教学对象、科学高效的口语教学模式。

第三节 英语阅读教学改革

一、读的心理机制与认知过程

（一）英语阅读教学中心理能力的培养

1. 重视学生学习情感因素的培养

如果没有热情，世界上所有伟大的事业都不会成功，由此可见，观念和热情是成功的必备因素。同样在教学活动中观念和热情也是不可缺少的一部分，认知和情感对学生智能的开发及英语阅读能力的培养都非常重要。教育家乔姆斯基曾表示：人天生就具有"语言智能"，在后天的激励下这种语言智能得到了发展，在这其中情感因素是关键。在过去的英语教学中无论是教学方法、教学思想还是教学态度都是以传统的教学观念为指导，"师道尊严"使得教师和学生之间产生了严重的隔阂，师生之间得不到平等的交流。针对这个现象我们首先要从观念、地位和职能开始转变，将学生作为教学的主体，培养学生的学习情感，让他们在学习过程中从被动地位变为主动地位。

2. 重视学生的自信心的培养

阅读属于一项语言综合运用的练习，对口头语练习的不重视会使学生养成不爱开口的习惯，从而无法形成英语语感，学生的阅读能力也就很难有所提升。语言专家表示阅读英语的过程就解码视觉信息的过程，并对解码的信息进行加工和处理，而情绪因素就是影响阅读效果最根本的原因，由此可见，学生的自信心在阅读过程中非常重要，良好的自信心可以激发学生的学习兴趣，保持良好的思想学习心态。在英语教学过程中重视学生的自信心的培养，帮助学生克服学习心理障碍，自信勇敢的阅读英语。

3. 重视学生的阅读兴趣的培养

阅读兴趣是培养英语阅读能力的最好动力，阅读兴趣又指情绪兴趣，情绪兴趣是指教师通过表情对学生学习中的情绪状态进行适当的调节，调节方式可包括气氛调节和课堂指导，增加与学生之间的互动活动。兴趣可以驱动学生从事脑力活动，通过脑力劳动获得的成果可以激发学生的满足感和兴奋感，在快乐情绪的引导下学生会产生深入钻研和创造学习的欲望，从而对某学科产生学习兴趣，在这个转化过程中教师则充当引导者和催化剂的作用。教师只有抓住学生心理把握学生的情绪状态，才能针对不同年级学生的英语阅读采取不同的培养方法，当教师抓住了学生的学习兴奋点，学生学科兴趣的培养过程就更为简单。开展阅读教学活动的目的为了加强学生的阅读能力，增加学生的知识面为终身英语学习打好基础，随着阅读量的不断增大，学生的英语阅读速度也会不断地加快，只有改变传统的阅读教学，学生的英语阅读能力才会有所提升。

（二）语言学与外语教学的关系

语言学是以人类语言为研究对象的学科，包括了语言的性质、功能、结构、运用以及历史发展，它是对语言的一种科学化、系统化的理论研究。语言学有很多分支比如心理语言学、系统功能语言学、认知语言学以及语言教学等，而外语教学就是语言教学的一部分,同时外语教学的实践孕育着应用语言学的诞生。但是他们又有所差异,语言学的研究是为语言现象提供理论依据,而外语教学是为了让学生掌握和运用好外语。语言学把语言作为一个整体的系统,而在语言教学中语言是一种能力。语言学是对语言的研究为英语教学提供许多帮助,因此考试应该转变教学观念,树立正确的态度应用语言学提高英语阅读教学的水平。

(三) 从语言学角度谈大学英语阅读技巧

1. 从心理语言学角度的角度下探究大学英语阅读技巧

目前许多高校的阅读教学仍然使用传统的教学模式,让学生读文章解答问题,然后老师对答案并针对错的多的问题进行讲解。这种教学模式不会降低学生的学习积极性,而且难以提高学生的阅读能力。而心理语言学主要是研究语言行为和人的心理的联系,那么如何运用心理语言学来探究英语阅读技巧呢。比如我们可以根据心理语言学的知识建立系统的心理语言学阅读模式,首先通过看到的材料来揣测文章的意思然后进行检验最终得出结论。英语阅读不仅仅是读的过程,它涉及多个方面因此我们要学会通过多个角度去解析文章。比如我们可以利用自己了解的背景知识、题目的信息等来猜测从而充分的理解文章表达的想法和内容。

2. 从系统功能语言学的角度探究大学英语阅读技巧

系统功能学是以一定的哲学思想为基础,它从功能的角度来研究语言的系统性。它为英语阅读的语篇分析提供了理论依据。我们应该通过系统功能学学会语篇意识,语篇是用来表达文章的意义和作用的,词汇与语句都是构成语篇的重要因素。它主要突出了语篇的功能和意义,强调在英语阅读中要结合宏观结构分析(包括文章体裁、故事情节、中心思想、篇章模式等)和微观结构分析(例如词汇、语法等),从整体上分析文章的信息。因此在英语阅读中要增强自己的语篇意识,这是提高英语阅读能力的重要方法。

3. 从认知语言学的角度探究大学英语阅读技巧

认知语言学认为英语阅读时一个认知复杂心理的过程,它强调的是信息处理的过程。从认知语言学的角度探究英语阅读模式主要包括以下单个内容。首先是概念能力,它是指学生能够将分散的信息进行整理上升为概念,便于更加全面的理解文章从而提高自己的综合能力。其次是信息加工方式,它是指对语篇中语言和非语言的信息进行全面深入的处理,可以说它是一种语言处理技能。信息加工方式主要强调充分利用上下文提供的线索来理解文章的一些句子含义。最后一个重要内容就是图示,这种理论也是基于心理学的角度提出来的,它是指文章的关系结构,强调利用网络图加深对文章各个段落关系的理解。

综上所述,语言学的运用对学生更好地融入英语语言环境中,有效提高英语阅读教学的质量和水平有重要作用。随着教育改革的不断推进,英语阅读教学面临巨大的挑战而语言学的应用是英语阅读教学的重要改革和创新。学生通过从语言学的角度来学习英语阅读技巧提高自身的英语阅读水平,增强自身的综合素质。

二、提高阅读教学成效的对策

针对上述影响阅读教学的主要因素,教师在阅读教学中可采用如下对策,提高阅读教学成效。

(一) 改革传统的教学模式，提高阅读教学成效

要提高阅读教学成效，首先要改革传统的阅读教学模式，这对英语教师自身的知识水平及个人修养提出了更高的要求——拥有广博的知识，要有良好的知识结构。通常教师只要能专精外语而且兼具其他学科的普通知识，然而作为理想目标，教师应该成为"中西汇通"的结合体。这就要求教师应当阅读国内外有关文献，掌握最新的阅读教学理论和方法，具有开阔的视野，开放的思维，深刻的领悟能力，严密的分析归纳能力以及高度驾于课堂的能力。最后，在转变阅读教学模式的同时，教师应注意及时转换角色，教师的身份应变为具有多重身份，而不再是单一的说教者，应当从教学活动和教学秩序的管理者和控制者转变为学习策略的诊断者和培训者。只有把教师的角色定位于一个较高的水平，才能提高阅读教学成效。

(二) 教学手段的多样化，激发学生学习兴趣

要提高阅读教学成效，教学手段的多样化是对教师提出了另一方面的要求。教师应该针对不同学习材料的内容和结构方式，采取不同的教学方法。但其核心是确定学生的主体地位，鼓励学生积极参与思考，突出学生吸取、体验和实践的过程。如运用思维点拨，激发学习兴趣的教学方法。所谓思维点拨，就是当学生阅读遇到干扰时，教师根据不同的阅读文本，运用恰当的语言帮助引导学生，使他们能及时补充和调整自己的阅读感受和见解，这有别于传统教学中的"导入法"和"讲授法"。传统教学中的"导入法"，就是教师事先设好"圈套"，然后用"一问一答"的固有模式引导学生的回答达到既定的标准。这种"请君入瓮"框定学生思维的教学方法，不仅使学生失去质疑求异的能力，而且也慢慢地扼杀创造力。阅读教学是教师、学生、文本及其作者之间的多重对话，是心灵交流和思想碰撞的动态过程。同样，传统教学中的"以教师为中心"的"讲授法"，学生只是被动的听众，这显然不利于满足学生自我发展的内在需要，不利于发展学生独立阅读能力。为此，阅读教学中的思维点拨，是引导学生对阅读文本意义再构建，是促进师生相互交流沟通，相互启发补充。当然，在阅读教学中，思维点拨是必要的，但不能以一味的讲解分析代替学生的独立阅读。教师的思维点拨要准而适当、少而精当，这样不仅帮助学生梳理、完善知识，激发学生的积极的情感体验，而且给学生有更多参与体验、讨论的机会，构成有效的互动教学课堂。由此可见，思维点拨是一门艺术，是营造良好教学氛围的基础，是促进阅读教学成效必备的教学方法之一。

(三) 介绍学习策略，扩大充实词汇

大多数学生都是运用简单的死记硬背的方法记忆词汇，由于词汇量小，导致看不懂课文，逐渐丧失了学习的兴趣。因此，下面结合学生的学习情况，简要介绍一些学习词汇的策略。教师可采取以下的记忆单词的策略，以扩大学生的词汇量。

1. 系统归纳法

通过同义、反义、平行、种属、伴随和搭配等关系对词汇进行系统归纳，即教给学生归纳类似词项促进联想的方法，使学生轻松记忆单词，在词汇学习上不惧怕而且有信心，从而培养学生的学习兴趣。

2. 反复记忆法

收集精读、泛读、写作、报纸导读等各门功课中遇到难记易忘的新单词，寻找发音和拼写规则，反复背诵，每周以自测或互测的形式进行检测，加深记忆，直到熟练为止。

3. 掌握构词法

许多英语单词是由一个表述基本词义的词根，加上前缀、后缀或者是单词便合成语义多样的新词汇。通过构词法的规律记忆单词，能够使学生达到事半功倍的效果。

（四）拓宽背景知识，树立学习信心

语言深深扎根于文化之中。语言和文化有着密不可分的关系。学生知识面的宽窄常常会影响他们对阅读文本的理解。由于学生基本知识贮备不足，造成阅读时困难重重。为此，教师在教学中要多方位加强文化导入，如历史事件、著名人物、风俗习惯、科普知识、价值观念等文化背景知识，以上这些非语言环境组成了人文网络的各种体系、制度以及关系，在每一瞬间都对人们的话语强加了复杂的前提和限制。因此在日常教学中教师尽可能多接触，多介绍和多解释，让学生了解英语国家特定的语言环境及文化观点等知识。为了加深学生记忆和理解，教师还可通过提问、讨论、复述和笔记等方法加以巩固。此外，教师要推行课外阅读的延伸，尽量避免孤立的材料，应加强学习材料之间的相关性，使课内阅读和课外阅读有机结合，这样就可大大丰富学生的知识结构，并逐步提高阅读自动化程度。具体做法如下：要求学生浏览畅销的报纸杂志文章或现当代受欢迎的小说，多渠道全方位地接触外国名人名言、民间故事、时事政治等，也让学生之间相互交流、相互学习、博采众长，不断完善知识结构。这样，尤其针对基础薄弱的学生而言，他们会因自己的文化背景知识的拓宽，在阅读活动中胸有成竹，准确理解，透彻领悟篇章，从而摆脱长期处于一种充满焦虑，缺乏自信的紧张状态，相反处于一种充满自信，具有高自我效能感，时常体验成功喜悦的良好状态。

（五）加强阅读技巧训练，培养良好阅读习惯

为了加强学生的阅读技巧，培养学生良好的阅读习惯，教师应当学用结合，学以致用，将各种先进理念和教学方法融入日常的教学活动中，将重点放在培养学生阅读技巧上，从而在教学进程中应有目的有计划地分阶段向学生传授阅读技巧，达到良好的教学效果。

1. 培养略读和寻读技巧

略读和寻读是快速阅读行之有效的方法。略读法要求学生迅速浏览全文，初步摸清文章脉络，了解作者写作意图进而掌握中心大意或捕捉主题句的一个重要阅读技巧。寻读法则要求学生先看文章后面的每项练习要求，带着问题，有的放矢地进行阅读。这种方法可使学生有了明确的阅读目的，学生可逐步速度扫视整篇文章，寻找答案，而与练习无关的内容则可跳读，这无疑对阅读速度的提高起到积极促进作用。

2. 根据语境判断词义

通过上下文猜测词义不失为重要的阅读技巧。所谓语境就是词汇所处的前后语言环境。教师可让学生根据上下文语言环境这一线索，结合自己的知识和经验来猜测词义。学生可运用英语符号（如冒号、括号、破折号等）信号提示词、词汇或短语、同义或反义关系等方法来猜测词义。当然，教师在讲解所有生词时，要提醒学生不是单纯、孤立地记住这些技巧本身，而是在语篇中该用何种技巧推测，这将大大提高学生综合应用这些猜词技巧的能力。

综上所述，英语阅读的过程就是读者以英语为媒介与文本之间进行交流，从而获取信息的相互作用的过程。为了提高阅读教学成效，在日常教学过程中，教师应逐步改革传统的阅读教学模式，根据具体情况，适时地采取一些学习策略和阅读技巧，培养学生良好的阅读习惯等一系列对策。只有这样，大学英语阅读教学的效果才能得到保障，大学英语阅读教学成效才能真正得以提高。

三、构建大学英语阅读课程教学新模式

（一）确定以学生为主体的教学模式，充分发挥学生的主观能动性

兴趣是最好的老师，学生兴趣越浓厚，其学习的自主性就越强，要提高学生的学习效果必需先提高学生的学习兴趣。在教学中，教师应充分发挥其在课堂教学中的主导作用，以"学"为重心，让学生在浓厚的兴趣中学会自主学习。教师应引导学生积极参与到课堂教学活动中去，并充当教学活动的主角，引导和帮助学生明确阅读活动所要达到的目的，激发学生的阅读兴趣。

（二）扩展学生的词汇量和语法知识，掌握有效的阅读技巧

词汇量的大小直接影响着阅读能力的高低，而阅读是扩大词汇量的唯一途径。教师应多鼓励学生在课外多阅读英语文章，并养成良好的英语学习习惯，在平常的阅读训练中，要有意识地收集一些难词和长句。课外阅读有利于扩大学生词汇量、丰富语言知识，开阔视野、开拓思路，掌握英语特有的语言表达方式，从而提高阅读理解能力和英语运用能力。教师要在阅读教学中，科学讲授英语语法结构知识，学生有了扎实的语言功底，阅读速度自然就会得到提高。教师还应教授学生一些基础的阅读技巧，引导学生根据标题预测文章的大致内容，通过分析不同体裁文章的结构，运用略读、寻读等阅读技巧，找出主题句和关键词，从而抓住文章的中心思想。教会学生如何辨别文章的主旨与细节、理解上下文的逻辑关系、领会作者的观点和态度及根据上下文、构词法来猜词义等阅读技巧的使用。

（三）利用多媒体加强英语文化背景知识的积累

所谓背景知识指的是关于一个社会或文化的知识体系，包括语言在内。只有当读者将自己的背景知识与语篇负载的语言文字信息联系起来以后，意义才产生，理解才实现，阅读的交际功能才得以完成。利用多媒体播放视频，短片多让学生了解西方文化背景知识，并对阅读材料的背景知识进行介绍，不但可以激发学生的阅读兴趣，也有助于学生正确理解、把握阅读材料，提高英语阅读课堂的教学效率。

（四）课后发展兴趣小组，反馈总结，拓展提高

大学英语阅读课程教学模式改革不能仅仅在课堂上得以体现，还应引导学生在课后养成良好的阅读习惯，鼓励学生进行广泛的自主阅读。在课后发展阅读兴趣小组，学生在教师的组织和指导下交流、探讨学习成果。这样既可使同学相互启发，相互学习，共同提高，又能让老师对学生学习中暴露出来的问题及时分析，寻找原因，帮助他们矫正。

综上所述，影响英语阅读能力提高的因素很多，提高英语阅读水平就要从这些方面入手，不断扩大词汇量和阅读量，养成良好的阅读习惯，多了解西方文化知识背景，发挥教师的主导作用，实现学生的主体地位，对学生进行个性化指导，促使学生自主阅读能力得

到最大限度发挥。

第四节　英语写作教学改革

一、大学英语写作教学的基本方法

（一）关于阅读与写作相结合

读书破万卷，下笔如有神。这本是中国古人学作诗的经验之谈，把它借用于外语写作教学中仍是至理名言。外语写作技能的提高离不开知识的积累，而阅读又是外语学习者获得可理解性输入，进行知识积累，提高语言技能的重要途径和主要源泉。离开阅读的写作只能是无源之水，无本之木，大学生之所以把英语作文视为畏途，其主要原因就在于学习中缺少大量阅读的积累。"米"尚没有，焉能起"炊"？

在阅读材料的选择上，教师应从培养学生写作能力出发，结合实际，有组织地加以引导布置，由浅入深，从易到难。阅读时，教师要引导学生体会作者表达思想的方法以及遣词造句的技巧，不能浅尝辄止，仅仅满足于对文章大意的理解。另外，要训练学生养成读书时做笔记的好习惯。"好记性不如烂笔头。"读书时，只作简单的浏览，不作读书记录，就无法将习得的知识从短期记忆转化成长期记忆。这样，即使书读得再多，写作时也会觉得"无米下锅"。当然阅读后，教师若能不时地引导学生写一些相关内容的读书札记、概要、书评之类的东西，则更能相得益彰，有效地提高学生的写作水平。

（二）关于抓好基础教学

1. 强调词义学习

要求学生学会细致观察语言、善于在语境中学习词汇，明辨同义词、近义词的用法，完整地掌握词的指示意义及它与其他词之间的语义关系。此外，教学中还应要求学生熟悉词与词之间在句子中的修饰关系以及习语的搭配关系。

2. 组织有意义的句型操练

句型操练像许多其他已过时的教学方法一样为许多人所不屑，然而它却不失为一种教语法的有效途径。它直接从模仿入手，通过对大量体现语法规律的句型的练习，使学生对语法规律有较全面、深入的了解，从而能在实践中自觉、正确地运用语言。做这类练习时一定要设法结合实际，尽量避免做一些无意义的机械训练。

3. 设计句子合并、句型替换练习

这类练习虽然与前一种一样依然是在句子水平上进行，但其目的却有很大不同。句子合并练习可使学生学会使用连词、连接副词等表达因果、对比、顺序、转折等多种关系。而句型替换练习则是通过变换修辞手法，让学生掌握一些他们平时只能辨认欣赏却不会使用的写作方法，诸如排比、倒装、省略、强调等。常作这类练习可使学生熟悉同一意义的不同表达方式，从而改变他们写作中千篇一律地使用简单句的习惯。

4. 适当布置汉译英练习

中英文之间在句法结构上的差异很大。由于不熟悉地道的英文表达法，学生在作文中常犯 Chinese English 之类的错误,这是令许多英语教师最头疼的问题之一。为了解决这个问题,不少教师采取了一些防范措施,如不布置翻译作业,禁止写作中使用汉英词典等,但结果并不理想,类似的错误还是屡见不鲜。另一些教师,在承认问题客观存在的同时,针对大学生思维能力强的特点,适量布置汉译英练习,并在作业讲评中指导学生就两种语言进行必要的分析对比,使学生熟悉英文表达习惯,减少母语干扰。实践证明,这样做会产生意想不到的好效果。这里需特别指出的是:我们强调抓基础训练并不意味着排斥写作技巧和语篇结构的教学。我们认为,加强基础训练是提高大学生英语写作能力的必备条件,只有在此基础上进行写作技巧和语篇结构的教学,才有可能取得事半功倍的效果。

(三) 关于范文仿写与范文背诵

范文仿写与范文背诵其实一脉相连,唯一不同之处在于前者是按原文仿写而后者则是在背诵原文的基础上仿写。有人可能会对这个并不新颖的提法不屑一顾,认为让学生去仿写和背诵是一种没有交际色彩、不带创造性的死板的教学方法,应该加以抛弃才对。但实际上,那些最传统、最简单的方法只要利用得当,往往是很有效的方法。

仿写的好处很多。篇章结构仿写,有利于学生掌握各类文体的写作方法,学会谋篇布局的技巧及有理有据、层层深入的论述方法;句子结构仿写可以锻炼学生在写作中有意识地模仿使用多种修辞手法和各类句型,从而使文章结构灵活多变;而对作者遣词造句的模仿,则可使学生学到标准的英文表达方法,不至于在写作中出现生硬的汉英对译现象。总之,仿写的好处不一而足,关键是要运用得当。

仿写可在教师指导下进行,亦可布置学生独立完成。学习写作初期,则最好由教师进行统一指导。教师可根据学生的水平有目的选定优秀范文,与学生一起分析其语言特点和语篇结构。在学生对其句法特点和修辞手段有了一定了解之后,要求他们写题材类似,结构相仿的文章。表面看来,这种练习似有依葫芦画瓢之嫌,实则并非如此。模仿只是过程,创造性地使用语言才是结果。语言都是约定俗成的,学习一种语言就必需遵循它的使用习惯。只有让学生反复练习,模仿背诵,才有可能培养他们的语感,才能锻炼他们在写作中把握谋篇布局的技巧和遣词造句的分寸。实践表明,任何创造性的语言使用都是在模仿的基础上进行的,先模仿后创新,学习英文写作尤其如此。

(四) 关于加强对写作过程的指导

1. 写前准备

过程法要求学生在动手写作前对题目作认真的思考,最大可能地激活记忆储存。同时鼓励课堂讨论,让学生就同一题目交流看法。教师可参与讨论,亦可因势利导启发学生集思广益,选择适合自己的观点。这种准备过程对于学生理清思路,选择具体写作内容有很大帮助。

2. 草拟初稿

初写过程中,过程法强调数量而不是质量,鼓励初学写作者尽可能地将自己的想法写下,而不必过多地担心语言形式的正确与否。这样做的目的在于改变学生边写边改的习惯,促使其对写作形成积极的态度。

3. 初稿讨论

学生初稿完成之后,可分组活动,交换初稿进行互评,并就彼此的文章提出建设性的意见。教师此时犹如运动场上的教练，对学生难以达成共识的问题予以及时的帮助和点拨。

4. 改写润色

过程法主张通过修改让学生尽自己所能写出最好的文章，这与我们传统的"文不怕改"的思想是一致的。修改中，学生根据同学和教师所提供的建设性意见不断完善文章内容，寻求最佳表达方式。

5. 写后回顾

传统的写作教学，不重视写后阶段，而过程教学法则强调学生应对自己的写作过程做回顾与思考，并尽可能地写出写作后记。后记中可评述写作的成败得失，亦可紧扣文章谈体会，说感想。这样就促使学生反复阅读自己的作文，从而对自己的写作能力有较明确的认识。

（五）关于改进评改方法

教师对文章的评改是写作教学中一个很重要的环节，因为它往往是学生衡量自己写作成败的一个重要标准。

教师在评改过程中必需既考虑文章思想内容、组织结构等方面的错误，又注重那些语法形式方面的错误。当然，这样的要求必然给教师带来更大的工作量，使他们不胜重负。我们可采用以下一些方法来缓解这个矛盾：

1. 样本批改

每次作文教师只抽查部分学生的作文，进行详细批改，并在写作课上讲评有代表性的优缺点，这不仅可节约时间，减轻教师负担，还可起到以点带面的功效。

2. 设计批改符号

为了提高学生自我纠错能力，教师可设计一套批改符号，并晓之于众。让学生根据教师的批改符号修改重写。这样既可以加快批改速度，又可以让学生在批改中承担一些责任，便于他们在错误中吸取教训，取得进步。当然，并不是所有的学生都能根据教师的批改符号改正错误，这时就需要教师对其加以帮助。

3. 充分利用学生本身的力量

可以让学生互改、互评。往往有这种情形：检查自己的作文时，常常不易发现错误和不足，而当读别人文章时，就会发现不少错误。这种做法要求教师在学生互评之后就其结果进行复查，以确保评改的准确性。

最后简要谈一下写作教学的时间安排问题。写作能力的提高是一个螺旋上升、循序渐进的过程。其间要经历长期的阅读与练笔，输入与输出的反复交替。且写作技巧的掌握和运用非突击性的知识传授所能奏效。因此在安排写作教学时，必需遵循循序渐进的原则，最好与听、说、读同步进行。

（六）大学英语写作教学改革方法和途径

1. 更新写作教学观念

写作教学不是边缘教学，而是英语整体教学中一个必不可少的有机组成部分。因此，我们应当充分认识到写作教学的主体作用，作为高职人才素质教育的重要一环，英语写作教学有理由承担起比以往更大的责任，应当根据社会需求确定本学科的人才培养目标，借鉴国内外外语写作教学的理论研究成果，采用适当的教学法，培养学生的应用能力。

2. 改革课堂教学，针对具体内容讲解写作知识

广泛使用的大学英语教材没有单独编写写作分册，而是把读写放在一起，称作"读写教程。"读不好也就使写作成为无源之水，无本之木。换言之，只有充分发掘"读"才能做到创造性地"写"。在精读教学中，我们不但要注重给学生讲解基本词汇的用法、词与词的搭配、过渡词语的运用等语言知识，同时还要花一定的时间给学生讲解基本句型、句型变化手法、各种形式的篇章纽带等写作知识。

3. 建立新的训练模式

只有阅读了一定数量各类题材的范文，才能对各类文章的写作有一个感性的认识，继而才能写出符合英文表达习惯、语流顺畅、浑然一体的文章来。这里的阅读，主要指精读，即不但要理解阅读材料的内容，更要研究其谋篇布局、句式搭配以及用词特点。

4. 改革教学方法，创新写作教学法

许多大学英语教师都认为语法教学是中学老师的事情，到了大学阶段就不该再继续讲语法了。但是通过实践证明，在大学阶段，依然需要对学生进行语法教学，教学的重点依然应该放在句法上，通过分析复杂句法，让学生能够理解并最终写出比较复杂的句子，而不是简单句的堆砌。除加强语法教学外，还应该重视翻译对于英语写作的重要性。

5. 多媒体在教学中的使用

教师应该改变以前那种以教师讲授为主的单一课堂教学模式。我们应当尽可能地充分地利用多媒体、网络技术发展带来的契机来缓解这方面的矛盾，加大教学改革的力度。英语教师应鼓励学生学习使用网络技术，借助网络帮助学习写作。

综上所述，大学英语写作水平的提高绝非一日之功，它要求广大英语教师正视现实，不断反思自己的英语写作教学，改变教学观念，从根本上重视英语写作教学，在具体的教学实践中，采用像"过程写作教学法"之类的行之有效的教学方法，不断培养学生的遣词造句的能力，强化其段落意识和篇章结构意识，帮助学生真正掌握好、应用好地道英语提高大学英语整体水平，顺利流畅地实现跨文化交际的大学英语教学目标。

三、大学英语写作教学的新模式

（一）大学英语写作教学的基本思路

1. 提高学生对英语写作的认识

现实地讲，大学生对英语写作的认识只停留在四、六级考试这一层面上。为考而学，为考而写，为考而练的思想很重。认识上的浅层次很难使大学生对英语写作重视起来，也就很难提高其写作水平。而随着四、六级考试的社会权重不断增强，高水平的英语写作能力逐步受到社会的青睐，外语综合性人才的写作能力凸显其越来越重要的地位。大学生对英语写作的认识已落伍。要真正提高学生的英语写作能力，适应社会的需求，英语教师首先要提高学生对英语写作的认识，从社会发展需求的高度，从未来人才培养的方向上，要求学生在思想上重视起来，意识上提高起来，行动上实践起来。

2. 明确英语写作训练的要求和标准

英语教师对学生要明确大学英语在写作方面的要求和标准。部分大学对英语写作方面

的要求一般是按四、六级的考试要求和标准而制订的。即在 30 分钟内就给出的话题写出一篇 120～150 词之上的短文。要求文章能充分用英语表达思想，用词比较正确，句子通顺流畅，使内容和语言成为一个统一体。行文的逻辑思维流畅、合理。在语言方面，词法、句法及修辞等应用正确，无重大的语法错误。高等学校英语教育专业对写作课的要求和标准是：培养学生初步的写作能力，包括写提纲、文章摘要、日常应用文和一般题材的短文。要求条理清楚，语言正确、得体。从上述这两方面的要求和标准可以看出，大学英语写作的要求和标准应为：语言正确流利，具有较强的思想性，条理分明。这样，大学生要达到大学英语写作训练标准的基本前提是学生语用能力和思想意识水平的培养和提高，而这则需要学生进行大量的语言输入与语言输出。

（二）大学英语写作教学的新模式

多媒体网络技术运用于英语教学是一种新兴的教育模式，给英语教学带来了深远的影响。

1. 多媒体网络教学的优势

我国英语写作教学的实际与写作教学应达到的目标之间还存在着相当的差距。因此，通过引入多媒体网络技术，将之与英语写作教学相结合，来开辟一条提高英语写作教学效率，促进学生英语写作水平的新途径，这是完全可以实现的，同时也是非常必要的。

写作内容贫乏是中国学生在写英语作文时面临的最大问题，而导致这一问题的根本原因就在于写前没有充分的收集、吸收和消化各种素材。而多媒体网络技术在这方面提供了极大的便利，学生利用网络在极短的时间内，就可以查找到大量相关文献。

2. 多媒体网络的交互性促进了交流

多媒体网络的一大特点是它的交互性，不仅可以实现人机对话，还可通过网络进行与老师、同学、读者间的交流，在英语写作教学中，后者的作用更为重要。而这种交流是双向、快捷、及时的。学生可以自由选择交流的形式、内容，老师可以通过交流监控每个学生的写作过程，在必要时给予指导。这必将大大提高英语写作教学的效率。

3. 学生的个体差异得到兼顾

众所周知，学习者无论在个性还是在学习方法方面都存在着个体差异。多媒体网络技术兼顾到了学生的这种个体差异。学生可以根据自己的理解能力和学习进度选择学习内容，对自己认为薄弱的环节加强知识技巧的学习；学生可以对自己感兴趣的话题进行更深入的探讨，可以对自己喜爱的文体进行更进一步的了解和学习等。这样一来，学生不仅在各种文体、风格题材的写作上得到训练，而且还可以在自己擅长的领域有所专攻，真正实现写作能力的增强和写作水平的提高。

4. 真正实现以学生为中心的教学

在多媒体网络英语写作教学中，学习的重心已由教师转移到了学生。教师只是起组织、导引和释疑的作用，而学生却能充分发挥自己的主动性、积极性和首创精神，最终达到使自己有效地实现对当前所学知识进行意义建构的目的。

（三）多媒体网络技术运用于大学英语写作教学的实施设想

"多媒体网络写作环境对学习者和教师来说，代表着一种新的、创造性的教学手段，它可以对写作过程的各个阶段产生影响。不仅如此，多媒体网络写作环境可适应各种类型学习者的不同需求"。

1. 写前准备

写前阶段包括构思及收集素材。在多媒体网络写作环境下，通过集体构思激发新思想；通过电子邮件讨论问题；参与大型网络讨论组；在 Internet 上观察图像显示；阅读通过电子手段收集的数据；运用 CDROM 及电子图书馆，这些都是多媒体网络提供给我们的全新的写作手段。

2. 写作过程

在这一阶段，多媒体网络可以实现：利用具体的软件写出框架及草稿；快速浏览文章；直接在电脑中输入写作内容而不需要先在纸上写好后再录入电脑。具体作用在于：

（1）利用计算机文字处理程序进行写作训练。文字处理程序的辅助功能在客观上减少了写作过程中的重复劳动，简化了修改和编辑过程中的琐碎的技术性细节，使学生能够把写作中的精力大多集中在创造性的劳动上。增强了学生对写作的兴趣。

（2）在多媒体网络写作环境中，教师对学生写作过程的监控主要通过 E-mail 来实现。在以往的作文修改过程中，师生之间的往来频率均不多，而且修改费时费力。在文章送达教师手里时，教师读到的是一篇已经成型了的文章，教师无法看到学生文章的酝酿过程。运用 E-mail，教师可以在适当的时间与单个的学生或一组学生进行交流。例如，学生的备稿、准备的资料、作提纲等都可以备份，都可以作为写作的渐进过程送达教师，教师可以从第一步就参与讨论提出建议或修改意见。这种教师与学生之间关于写作任务的交流是不受课堂限制的。教师起着监控、遥控等作用。而且，在媒体上修改文字的功效与速度是众所周知的。

3. 修改与提高

这一阶段与写作阶段是一个循环反复的过程，包括修改和重写。在多媒体网络写作环境下，写作者可以轻易地通过剪切、粘贴、添加等电脑操作手段对文章进行修改，可利用电脑的检查功能来查找和纠正拼写、语法和句法错误等。教师、同学可通过网络对学生作文进行评析与修改，将学生作文贴到网上，让更多的读者能够阅读到他的文章，可激发学生的写作热情，提高学生对待写作的认真程度，让学生在写作中有意识地注意到读者的存在。

多媒体网络教学方式的采用并不意味着教师在教学中失去原有的作用，相反，教师的作用更为重要，也更为灵活。学习写作的过程从根本上来说还是一个需要交流的过程，而这离不开人的参与，特别是作为指导者和监督者的教师的参与。在多媒体网络教学环境下，教师的角色有了一定的转变。这种转变使教师的教学效率得到提高，对教师本人的要求也更高。教师只有不断加强自身的专业学习，才能在新的教学形势下取得良好的成绩。

第三章　大学英语课堂教学改革

第一节　英语课堂教学概述

一、英语课堂教学的体系与理论

（一）建构主义教学模式

建构主义教学模式是在建构主义学习理论指导下建立起来的，它提倡的学习方法是在教师指导下的、以学生为中心的学习，其学习环境包括情境、协作、会话和意义建构等四大要素。学生是信息加工的主体，是知识意义的构建者，而不是外部刺激的被动接受者和被灌输的对象，教师则是意义构建的帮助者和促进者。概而述之，建构主义教学模式是指在教学过程中在教师指导下，以学生为中心，以探究为主要学习方式，利用情境、协作、会话等学习环境要素，充分发挥学生的主动性、积极性和首创精神，使学生有效地实现当前所学知识意义构建的教学程序及其方法策略体系。

在其对学生的学习进行考虑和反思的发展过程中形成了多种流派。各流派在对知识、学习、教师和学生等问题的看法上有许多共同之处，其对教学目标的要求基本一致，但由于各流派侧重点不同，教学中所采取的教学方式和步骤也不一样。研究比较成熟的有抛锚式建构主义教学模式、支架式建构主义教学模式、随机进入建构主义教学模式等。

（二）研究性教学理念

研究性教学是在建构主义学习理论下形成的与之相适应的一种教学模式和方法。建构主义理论包括认知建构主义和社会建构主义。认知结构产生的源泉是主、客体相互作用的活动，在相互作用的活动中蕴含着双向结构。

以建构主义为理论支撑的研究性教学是指学生在教师指导下，以类似科学研究的方式去主动获取知识、综合运用知识解决问题的一种学习方式。研究性学习与一般意义上的科学研究具有一定的相似性，如在研究过程上两者都要遵循提出问题、收集资料、形成解释、总结成果这样一个基本的研究程序。在这里知识都以问题的形式呈现，知识的结论要经过学习者的主动思考、求索和探究。

在大学英语教学中倡导研究性教学理念，为内容教学提供了一条新型道路。众所周知，外语是一门工具性学科，而大学英语的工具性更为突出。由于没有实质性的教学内容，没有像高考这样重要的教学目标，大学英语的听说读写技能训练就变得枯燥又机械。

只有研究性教学，使大学英语教学第一次有了真正的教学内容，并且在完成项目的研究过程中，学生的外语能力得到了锻炼，学生的思辨能力、创新能力得到了发展，学生的学习能动性得到了改观。

但是研究性教学又不是完全淡化外语技能的培养，事实上，将所学的语言知识应用于信息获取、问题分析、精确讲说、书面写作等过程更能培养学生把外语作为一门工具的语言能力。同时，研究性教学在大学英语中的应用又有别于英语专业的研究性教学。英语专业的研究型教学是对英语语言学、文学和英语文化等方面的专业知识的学习和研究，而大学英语的研究性教学是让学生在一定范围内自主选题，题目可以是人文社会的，也可以是自然科学的，这样既锻炼了语言能力，又培养了思维能力，扩展了学生的知识面，一举多得。

（三）人本主义学习理论

人本主义学习理论对学习本质的揭示是从人的自我实现和个人意义的角度加以描述的，认为学习是个人自主发起的，使个人整体投入其中并产生全面变化的活动，是个人的充分发展，是人格的发展、自我的发展。

（1）人生来就对世界充满好奇，人类生来就有学习的潜能。

（2）当学生觉察到学习内容与自己的目的有关时，有意义的学习就发生了。

（3）当学生的信念、价值观和基本态度遭到怀疑时，他往往会有抵触情绪。

（4）当学生处于相互理解和支持的环境中，就可以在没有等级评分却鼓励自我评价的情况下消除由于嘲笑和失败带来的不安。

（5）当学生处于没有挫败感却具有安全感的环境中，就能以相对自由和轻松的方式去感知书本上的文字和符号，区分和体会相似语句的微妙差异，换言之，学习就会取得进步。

（6）大多数有意义的学习是边做边学，在做中学会的。

（7）当学生负责任地参与学习时，就会促进其学习。

（8）学习者自我发起并全身心投入的学习，最深入，也最能持久。

（9）当以自我批判和自我评价为主，以他人评价为辅时，就会促进学习的独立性、创造性和自主性。

（10）现代社会最有用的学习是洞察学习过程，对实践始终持开放态度，并内化为自己的知识积累。

简而言之，人本主义理论主张废除以教师为中心的模式，代之以学生为中心的模式，而以学生为中心的关键，是在于使学习者感到学习具有个人意义。

人本主义学习理论强调学习是一个情感与认知相结合的精神活动。在学习过程中，情感和认知是彼此融合、不可分割的两个部分。整个学习过程是教师和学习者两个完整的精神世界互相沟通、理解的过程，而不是以教师向学习者提供知识材料的刺激，并控制这种刺激呈现的次序，期望学习者掌握所呈现知识并形成一定的自学能力和迁移效果的过程。由此可以理解，教学也不再是以教师为中心，以知识输入讲解为主要方式的活动了。要使整个学习活动富有生机、卓有成效，需要以学习者为中心，深入其内在情感世界，以师生间的全方位互动来达到教学目标。这不同于多年来我国大学英语教学课堂以教师为主体，以教师讲解传授为主要形式的教学方法。

（四）后现代主义教学观

后现代主义教学观是在对教育"现代性"进行深刻反思的基础上形成的，具有开放性、超前性和创新性等特点。

后现代主义是对现代主义所崇尚的总体一致性、规律性、线性和共性及追求中心性的排斥，主张以综合、多元的方式去建构，具有非中心性、矛盾性、开放性、宽容性、无限性等特征。

后现代主义教学观对大学英语教学改革的启示表现在以下几方面。

第一，在打破"完人"教育目的观的同时，后现代主义者提出了自己的教学目的观。他们主张学校的教学目的要注重学生各方面的发展，不强求每个受教育者都得到全面发展，要培养符合学生自己特点及生活特殊性的人，造就具有批判性的公民。

第二，后现代主义认为现代主义的课程观是不科学的、封闭的。多尔从建构主义和经验主义出发，吸收了自然科学中的理论，把后现代主义课程标准概括为四种原则，即丰富性、循环性、关联性及严密性。

第三，后现代主义认为教学过程是一个自组织过程。自组织是一个通过系统内外部诸要素相互作用，在看似混沌无序的状态下自发形成有序的结构的动态过程。

第四，后现代主义的师生观认为，在传统的教学中，教师处于知识传授的中心地位，而学生处于被动和弱势的地位。教师是话语的占有者，学生的自主性和潜能受到了压制，故后现代主义认为，必须在课堂教学中建立师生平等对话的平台。在科学技术日新月异的影响下，知识的传播已经发生了很大的变化，教师的主要任务是教会学生使用终端技术和新的语言规则。在师生关系中，教师从外在于学生的情景转向与情景共存，教师的权威也转入情景之中，他是内在情景的领导者，而非外在的专制者。

第五，后现代主义的教学评价要求实施普遍的关怀，着眼于学生无限丰富性发展的生态式激励评价，让学生充满自信，每个个体都各得其所，始终获得可持续发展的动力。它强调教学评价应该体现差异的平等观，即使用不同标准、要求，评价不同的对象，也主张接受一切差异，承认和保护学习者的丰富性、多样性。

（五）学术英语教学理念

学术英语也是近来在大学英语教学改革中提到的一个新的课程设计理念，它是针对在大学英语教学中盛行了几十年的基础英语提出的。基础英语的教学重点是语言的技能训练，包括听、说、读、写、译等；而学术英语分为两大类：一般学术英语和专门用途英语，前者主要培养学生书面和口头的学术交流能力，后者主要涉及工程英语、金融英语、软件英语、法律英语等课程。

以学术英语为新定位的大学英语教学，既区别于以往的以语言技能训练为主的基础英语，也区别于大学高年级全英语的专业知识学习或者"双语教学"，又区别于英语专业学生所学的人文学科方面的专业英语。它是基础英语的提高阶段，即在学生掌握了一定的规则和词汇，达到了一定的水平后，为他们用英语进行专业学习，做好语言、内容和学习技能上的准备，是在大学基础教育阶段为今后全英语专业知识学习打下基础的一种教学模式。

二、英语课堂教学的思维与体验

思维是课堂教学的灵魂，无论是教师设问、学生自问、合作讨论、质疑等，都必须围绕这个中心来开展，而评价这些活动的标准就是学生思维的质量。

体验是学生领悟知识、实践知识的桥梁，每个学生都可以根据自己的体验，用自己的思维方式自由开放地去探索、发现和创新。教师要想方设法使学生真正参与到课堂活动中来，从而提高他们思维的质量，让学生在体验中掌握知识，培养学习能力。

（一）善于等待，学会"留白"

很多英语课堂有一个普遍的教学现象：老师害怕课堂气氛太冷清，所以就不由自主地消除教学过程中的留白，安排了一些"无缝对接"式的问答，以维持课堂热烈的气氛。其实，课堂这种伶牙俐齿下的"无缝对接"并没有起到积极作用。画家作画都会"留白"，因为空白不仅使画面有张有弛，而且会使作品给人留下自由想象的空间。课堂教学也是如此，教师有意识地留白与等待不仅可以调节课堂的气氛，而且会给学生一个思考的时间，表面的停滞可以促使学生迅速思考。

对于英语教学中的一些语法知识及一些语言结构的运用，仅凭老师的讲解，学生被动接受是很难取得成效的，教师需要鼓励学生去主动地参与思考并提高思维的质量，体验、感悟与领会，促使学生主动地探求知识，创造性地运用知识。

（二）精心设计英语实践活动

语言是一种交际工具。英语课堂教学要遵循语言学习规律，以学生为中心，以学生自主体验为基础。在实际操作中，教师应精心设计开放性活动，为学生搭建语言运用的舞台，将新旧知识运用到不同的语言场景中，使学生亲身体验、自主探究，并不断扩充自己的语言信息量，达到真实、灵活运用语言，探索实践语言的目的。

（三）根据实际情况，创造良好的语言环境

语言环境是人类学习语言的重要条件，而现实生活中学生学习英语很难有良好的语言环境，这就要求英语教师在课堂上经常设置贴近现实生活的语言情境，让学生进入真实语言环境中，进行体验式学习，启迪学生的思维。

1. 课堂导入营造情境

课堂导入是教授新课的序曲，课前3~5分钟是学生由心理准备进入角色的时刻，是营造课堂气氛、引起学生兴致的关键，也是学生练习听说的一次机会。因此，可以以"Free talk""值日报告""讲故事""Talk about a topic"等来开始新课；也可以让学生朗读一篇短文，并向其他学生提问来检测听的效果，最后根据朗读标准给予打分，并提出改进措施。这样既锻炼了学生的听说能力，又为下一步语言学习奠定了基础。

2. 实物演示情境

利用实物教学，既可节约大量课堂教学时间，又可让学生运用多种感官接收语言信息。学生通过观看实物演示、聆听教师的语言表述、看黑板上的例句进行归纳思维，可以很容易地掌握被动语态的语法结构。

3. 语言描述情境

对于某些难以用实物演示的情境，可利用语言进行简洁易懂的描述，并配上表情、手势，做到绘声绘色，使学生进入情境。

4. 善于捕捉机会，利用当时的语言情境

在教学中不时会出现一些意想不到的教学偶然事件，而这些事件能为教学提供现成的语言情境。例如，当老师正在上课时，一位迟到的学生走了进来，老师即可抓住这个时机，创造一次机会让这位学生体验语言在具体的语境中的运用，如可以让他用英语解释迟到原因，让学生在体验中学习语言。

5. 充分发挥多媒体的辅助教学功能

随着科技的发展和现代教育的要求，现代化的教学手段能使课堂教学生动、形象，富有感染力，能使学生在兴趣盎然的情景中接受知识。因此，恰当、有效地运用现代教育技术手段能激发学生的学习兴趣和内部参与动机，能使不同水平、不同层次的学生都参与到课堂教学中，增强课堂教学的效果。

（四）发挥评价的激励机制，让学生体验成功

"教师要带上放大镜去发掘学生身上的闪光点，及时进行表扬、鼓励，要让每一位学生有成就感。"教师一方面要学会在适当的时机利用艺术化的激励语言对学生进行表扬与激励，另一方面还可以利用面部表情的互动去激励学生。对没有信心不敢发言的学生，教师可以用眼神表现出热盼与期待；对回答问题过程中卡壳的学生，教师的眼神可以给他启示与鼓励。当来不及用语言评价或无须用语言评价时，教师的一个微笑的眼神，就会给学生带来成就感。

总之，教师在英语教学过程中要时时反思自己，学生是否真正地参与到课堂活动中来，学生是否真正地参与思维训练，是否在体验中掌握了知识，提高了学习能力。只有这样，才能让思维与体验同行，取得理想的教学效果。

第二节　英语课堂教学与现代网络技术的融合

一、多媒体技术在英语课堂教学中的应用

（一）多媒体的内涵及其发展

1. 媒体与多媒体

媒体指的是人与人之间实现信息交流的中介或载体，而多媒体是指利用技术手段整合直接作用于人感官的文字、图形、图像、动画、声音和视频等多种媒体的信息传播方式。由于单一媒体在信息、表达与传播中往往会受到各种局限，因而在漫长的人类社会发展史中，人们努力将各种媒体相结合，通过信息的叠合、对比、呼应以加深受众的印象。比如，商铺为招揽生意使用乐器、彩旗、图画等其他补助媒介。随着电影、电视的出现，声音与画面同步，对人们的信息接收形成了有力的冲击。

2. 多媒体的未来

未来对多媒体的研究，主要有数据压缩、多媒体信息特性与建模、多媒体信息的组织与管理、多媒体信息表现与交互、多媒体通信与分布处理、多媒体的软硬件平台、虚拟现

实技术、多媒体应用开发。网络和计算机技术相交融的交互式多媒体将成为21世纪多媒体的发展方向。交互式多媒体是指不仅可以从网络上接受信息、选择信息，还可以发送信息，其信息是以多媒体的形式传输的。

（二）多媒体在教育中的应用

1. 集成性

通过多媒体，能够对信息进行多通道统一获取、存储、组织与合成。这一特点使教学资源更为集中，便于教师任意选取图像、文字、声音等各种有效的信息表现形式，进行教学与补助教学，实现更加高效的信息和知识的传递。

2. 控制性

多媒体技术以具有强大计算和处理能力的计算机为中心，能综合处理和控制多媒体信息，并按人的要求以多种媒体形式表现出来，同时作用于人的多种感官。教师以教学组为单位统一制作或使用课程配套的多媒体课件进行教学，可以大大减轻教师的工作负担。

3. 交互性

传统信息交流媒体只能单向地传播信息，受众只能被动接受，而多媒体技术可以实现传播者与接收者的信息应答和受众对信息的主动选择。多媒体技术在教学中的使用，使教学真正成为师生双向交流的过程，彻底改变了传统的满堂灌的教学模式。

4. 非线性

过去，人们在信息编组中为使信息有序化，往往按一定逻辑采用篇、章、节的构架，受众只能按作者的逻辑循序渐进地获取知识，而多媒体技术借助超文本链接，使内容的编组离散化、立体化，受众对信息的接收更灵活、更个体化，并能自己进行多变的信息编组。这一特点有助于增强学生的学习自主性，培养学生的探索精神，从而提升其学习兴趣。

5. 实时性

多媒体系统能根据用户的操作指令及时展示结果，方便用户实时控制，凸显了多媒体技术的实践性和方便性。

随着多媒体技术的发展，多媒体教学不仅应用范围不断扩大，各种新教材、新教法也不断涌现。更重要的是，多媒体使教师与学生的视野更加开阔，新的、更适应多媒体技术的教育理念将改变传统教育的思维定式，使教育真正成为知识的传播、个人的成长与社会的发展相结合的过程。

（三）多媒体技术在大学英语教学中的价值

1. 多媒体技术在大学英语教学方法中的价值

在传统的英语教学教法中，限于技术手段和教学理念，教师往往只能使用较为单一的媒介，如话语讲授、板书、播放磁带等，这就大大地限制了教学方法的运用，着眼于单媒介的教学方法更新的余地也很小，很难有发挥的空间。多媒体技术的运用，不但使传统教学方法得到强化、简化，而且为教学方法提供了更多的可能性。所谓多媒体技术使传统教学方法强化、简化，指的是多媒体技术通过声、光、电等手段使教师备课效率提高，在课堂中基本不需要板书，而是通过视听结合、声像并茂、动静皆宜的表现形式，生动、形象地展示教学内容。所谓多媒体技术为教学方法提供了更多的可能性，指的是教师借助多媒体或在多媒体的启发下可以创造更多的英语教学方法，如通过超级链接将多个知识点串联起来，增强知识体系的稳固性；通过视频使学生身临其境，增强学生对教学内容的理解；通过网络让学生直接与英美国家学生互动，在实战中检验英语掌握水平。多媒体技术在集合多种媒介的同时，打通了课本知识与课本外知识、课堂内与课堂外、学生与社会的界限，使教学方法所受的局限更小，而所面对的领域更广。

2. 多媒体技术在大学英语教学环境中的价值

语并非我们的母语，我国对英语的使用也并不广泛，课堂上只有教师的言语讲授，课堂外学生只能看课本、听磁带，很难感受到英语学习氛围，而正是这种简单的乃至虚无的英语教学环境使学生难以提起英语学习兴趣。而在大学英语教学中全面采用多媒体技术和网络，将视频图像、音响、图形、文字与课文和练习进行多层次、多角度的融合，无论课内还是课外，学生都能随时听到纯正的英语，看到英语应用视频，并通过多样的多媒体英语活动身临其境地参与英语日常使用，多感官、多渠道、立体化的信息接收会大大强化英语教学环境的拟真性，扩大语言接触面，使学生更真切、更轻松地体会英语的运用，提高综合能力。比如，在课堂教学中教师可以利用多媒体技术虚拟场景，模拟事件的发展，让学生模拟面对不同的情景，做出不同的反应。课后学生可以通过相关网络课程所创建的学习环境以个人或小组的形式进行自主学习。

3. 多媒体技术在大学英语教学理念中的价值

多媒体技术不仅改变了大学英语教学的方法和环境，更重要的是改变了大学英语教学的理念。一是因为新的技术往往自身蕴含着新的理念。新技术不但推动了所属领域的发展，而且打破了诸多条条框框，带来人们对世界、社会、个体的新认识，使人们的理念为之一新。这种理念的变化既可给大学英语教学理念带来启示，又可直接嫁接于大学英语教学理念之中。二是因为新的技术为新的理念提供了坚实的基础，新的教学理念要转化为教学实践，必须以新的技术为手段，没有新技术的支撑，新理念再美好也没有实现的可能。

（四）多媒体技术在大学英语教学中的实践

1. 多媒体课件

多媒体课件的使用是多媒体教学中的一个重要方面。教师在多媒体教室使用事先做好的多媒体课件，可以将教学内容多维度、立体式地展示给学生，最大限度地发挥多媒体对学生多个感官的刺激作用，使学生更好地掌握所学内容。

2. 多媒体辅助课外活动

除了在课堂上大显威力之外，多媒体技术还可以很好地用于辅助课外活动。英语是一门对实践性要求很高的学科，仅依靠有限的课堂教学难以充分提升学生综合运用英语语言的能力，学生学习到一定程度，就会不满足于课堂知识，希望通过丰富多彩的课外活动来开阔视野、拓展知识、发挥才干。传统的英语课外活动，如英语角、英语演讲比赛、英语俱乐部等，对场地和设备的要求不高，易于组织和参与，一直以来深受学生欢迎。随着多媒体技术的发展，英语课外活动的形式变得更加丰富多彩。

3. 网络课程

网络课程就是通过网络表现的某门学科的教学内容及实施的教学活动的总和，是信息时代条件下课程新的表现形式。它包括按一定的教学目标、教学策略组织起来的教学内容和网络教学支撑环境。其中，网络教学支撑环境包括支持网络教学的软件工具、教学资源以及在网络教学平台上实施的教学活动等。网络课程具有交互性、共享性、开放性、协作性和自主性等基本特征。这种交互式教学模式集多媒体技术、计算机网络技术、音视频技术于一身，能够最大限度地提供各种交互功能，从而为学习者构建最理想的学习环境。

很多高等学校的大学英语教学组设置了各种形式的网络课程，学生可以通过校园网或互联网参与本校甚至其他学校的网络课程。课堂时间毕竟有限，要想学好英语，课外自主学习不可或缺。而网络课程可以打破地域的限制，为学生创设更加自然真实的英语学习环境，强化语言的输入和输出，有效提高学生的实际语言使用能力。

有些网络课程是与真实课堂教学课程相关的。课前，学生可以根据教学计划或教师布置的具体任务，利用网络教学资源主动预习。课后，学生可以自主进行知识的巩固，参与各种训练活动，及时消化学习重点、难点，深化、拓展所学知识。由于网络课程可以对某一知识结构进行形象化的阐述，课堂接受比较慢的学生可以通过网络课程反复学习和操练，更好地掌握知识，提高能力。要想实现既定目标，教师应将网络课程纳入整体教学计划之中，与真实课堂教学有机结合，适当互补，充分发挥两者的优势。

（五）大学英语多媒体教学对策及其发展趋势

1. 改善多媒体教学的对策

（1）摆正多媒体在教学中的位置。课堂教学活动要符合学生的需求，符合教学目标的需要。多媒体在大学英语教学中起到的是辅助作用，而非课堂的全部内容。大学英语教学中起主导作用的是教师，无论现代科学技术发展到什么阶段，教师的基本功能都不能忽视并且无可替代。作为课堂教学的主导者，教师应依据教学目标认真进行教学设计；选择适当的多媒体材料及信息编制高质量的多媒体辅助英语教学课件；引导学生生动活泼地、主动地学习。教师应加强理论学习，找准多媒体技术与大学英语教学的结合点，利用现代技术更好地服务于教学。在多媒体教学中要注意讲解与图像的统一，教师既要利用多媒体设备为学生提供丰富的音像信息，又要适时做出恰如其分的讲解，使适时的多媒体演播和恰当的教师讲解密切配合。

（2）培养学生的自主学习能力。多媒体教学可以最大限度地实行个性化学习，确立学生在教学过程中的主体地位。而要实现这种个性化的学习，学生自主学习能力的培养至关重要。在课堂上，教师要鼓励学生认真观察，积极思考，发现、提出问题，并运用所学知识分析、解决问题。课堂外，教师可以指导学生从网络上搜集与课堂内容相关的情境，丰富课堂教学的内容，增加学习的趣味性。这样的模式可以大大激发学生的学习兴趣，培养学生的参与意识，让学生在真实的情境中提高听、说、读、写、译的基本技能。

教师要有意识地培养学生的课外自主学习能力，课堂之外提供给学生获取相关知识的途径和方法，充分利用网络设备，让学生带着任务、目的去查询相关信息，消除学生的盲目性，让学生在丰富多彩的外部世界中得到知识的补充和语言交际能力的锻炼，促进英语综合应用能力的提高。

（3）及时沟通反馈。多媒体教学模式催生了一种新型的师生关系，即平等、友好、合作的关系。这种关系能充分调动教与学两方面的积极性，使教学过程始终处于教师与学生协同活动、互相促进的状态之中。在教学中，教师应注重对学生的认知因素和情感因素的调动，加强与学生之间的情感交流，激发学生学习英语的兴趣和动机。教师要根据学生的不同特点，创造各种机会，让所有学生都积极参与到课堂教学活动中来。课上、课下教师都要注意与学生的及时沟通，根据学生的反馈准确了解学生情况，及时调控教学。

2. 多媒体教学的发展趋势

随着多媒体、计算机和网络的飞速发展，多媒体技术必将更多地被运用到大学英语教学中，并对其产生深刻的影响。

(1) 教学课件。知识是不应该传授给学生的，而应当引导学生去发现它们，独立地掌握它们。目前的大学英语教学课件仍以知识传授为主，相信在不久的将来，发现式教学课件有望成为大学英语教学课件的新模式。课件的主要功能不再是单纯地传授知识，而是帮助学生学会学习，培养学生探究发现和开拓创新的能力。教师通过精心设计教学方案，为学生创造一种能主动探究问题、主动获取知识的宽松、和谐的学习氛围和学习环境。

(2) 网络教学。在现有的网络课程基础之上，未来的多媒体网络课程会更加注重交互性。现在的一些网络课程由于缺乏师生互动，逐渐沦落为学习资源库。久而久之，学生缺乏兴趣和动力，网络课程成为空谈。只有在浓厚的交互氛围下，学生才能融入其中，积极主动地去交流和学习，不断获取新的知识。师生之间的互动情况会成为对网络课程评价的主要指标。

(3) 视频通信。多媒体技术与网络技术的进一步结合和发展以及中国高等学校与国外高校或其他领域的交流不断增多，为大学英语教学提供了更加广阔的发展天地。例如，未来学生可以通过视频通信与国外师生、各职业工作者互动，在实际应用中提高各项综合能力。

展望未来，多媒体技术必将与其他先进技术相互融合，更加有效地融入大学英语教学中来，极大地改变大学英语教学的面貌。

二、网络环境下的英语课堂教学

(一) 网络环境下的外语学习行为

网络环境中的外语学习行为是网络学习的典型形式之一，它具有网络学习的通性。在网络环境下进行的学习行为可以概括为以下三种相互紧密联系的基本类型。

1. 信息搜集加工

网络提供了功能强大的、集成性的信息媒介。对信息资源的搜集和加工是网络学习活动的重要形式，具体包括以下三种主要类型。①基于课件的信息获取。学习者在线访问和下载网络课件，学习提供的结构化的内容，按照其中设计的交互方式来参与计算机化的教学和培训。②基于资源的学习。学生通过查找和阅读大量的资料进行学习。在基于资源的学习中，教师先给学生明确一个主题，然后学生根据这一主题在可利用的资源中展开调查，搜集信息并进行分析处理、整理和共享。比如，来自不同地区或国家的学生和教师搜集和对比各地的民间故事、民间笑话、节日习俗、谚语等，而后对比分析各地的文化差异。学习资源可以是书籍文章，也可以是音像材料、电子数据库、网络资源或者其他的数字化资源。学生、教师所进行的网上信息搜集和加工活动不仅有利于实现高效、主动的学习，还可以服务于社区的发展。③创建共享数据库。学习者可以围绕特定的问题进行调查、研究，获取有关数据，建立网上共享数据库，进而对这些共享数据进行处理分析。

2. 人际交流

利用网络工具进行人际沟通、交流和合作是网络环境下的一类重要的学习行为。计算机媒介沟通（CMC）可以作为功能强大的人际互动工具。在教学活动中，借助网络工具，师生之间可以进行沟通交流，学习者也可以与学科专家及其他相关人士进行交流。而且，利用计算机支持的协同工作（CSCW）工具（如共享白板、MOO/MUD等），可以实现学生的网上远程协作学习以及教师之间的协同工作。

网络可以支持当地学生乃至世界范围内的协作学习，创建各种主题的学习共同体（或称为"学习社区"）。所谓学习共同体，即由学习者及其助学者（包括教师、专家、辅导者等）共同构成的团体，他们彼此之间经常在学习过程中沟通交流，分享各种学习资源，共同完成一定的学习任务，因而在成员之间形成了相互影响、相互促进的人际联系。这种学习共同体使学生和教师广泛地参与到合作活动中。不同国家和地区的学习者还可以进行跨文化的沟通合作，这既可以提升学习效果，也可以促进学生对多元文化的理解。

3. 问题解决

在网络环境下也可以组织学生进行以解决问题为基础的探究活动。当前，研究者强调要利用网络支持学习者的基于问题式学习、基于课题式学习等，即针对学习目的和内容为学习者设计一定的问题、任务，让他们利用网络资源和工具展开探究活动，研究和解决问题，形成探究报告或某种产品，通过解决问题来发展有关的知识理解和思维能力。

开放灵活的超媒体信息表征与组织方式、及时更新的最新前沿信息、各种丰富的网络数据库、便捷的沟通方式等，这些都可以为探究活动提供很好的信息资源环境。网络环境中的搜索引擎、问题解决工具等都可以为探究活动提供有力的认知工具。在这种探究活动中，教师的作用将不再是传递信息，而是为学生设计、创造合作探究的机会，发挥学术向导和学习促进者的作用。

（二）网络环境下的外语学习模式

1. 自主学习

自主学习是现代外语网络学习最为关注的话题之一，其相关术语有很多，如 learner autonomy/autonomous learning（自主学习）、independent learning（独立学习）、learner-controlled instruction（学习者控制的教学）、self-directed learning（自我为导向的学习）等。自主学习既是一种学习态度，又是一种独立学习的能力。态度就是一种对自己的学习做出决策的责任，能力就是对学习过程的决策和反思。当然，自主学习的"环境"也非常重要，它为学习者自主学习提供了锻炼的机会。语言学习的自主性主要体现在以下三个方面：①自主学习是一种独立学习的行为和技能；②自主学习是一种指导自己学习的内在的心理动能；③自主学习是一种对自己学习内容的控制。

自主学习既是一种学习策略，又是一种教学理念，还是一个教育目标；自主学习是一个长期的、动态的、发展的过程；自主学习对教师和学生的作用有了新的定位；自主学习可以把低自主性学习者培养成为高自主性的学习者；自主学习与学习者的学习策略，特别是元认知策略（制定学习重点，安排学习计划，评估学习效果）密切相关。

在当前英语的自主学习法实践过程中也出现了一些问题，如网络手段在外语教学中还未普及、教师对网络的教学监控不足、学习的信息反馈力度不够等。这就要求我们应采取适当的对策，如更新网络环境下自主学习的观念、激发学生自主学习的积极性、提高教师对网络学习的监控能力、在教学评价中注重反馈的作用等。

谈到网络外语学习自主性的培养，我们应当更加关注和研究学习者及其自主学习能力的制约因素。自主性受文化背景、学习者个体差异等因素的影响，应有不同的形式和程度。个性特征如态度、动机、学习策略等都制约着自主能力的发挥。只有考虑到这些因素，才能制定出更合理的培养策略，发挥网络优势，使学习者逐步适应外语自主学习：①在学习伊始就使学习者明确自己在网络自主学习中承担的角色和任务；②外语网络课程应有助于个性化教育；③激发学习者学习动机，培养合作学习精神；④帮助学习者掌握有效学习策略；⑤教师保持对网络学习的监控和指导。

2. 合作学习

合作学习是以现代社会心理学、教育社会学、认知心理学、现代教育教学技术等为理论基础和实施手段，以开发和利用课堂中人的关系为基点，以目标设计为先导，以全员互动合作为基本动力，以班级授课为前导结构，以小组活动为基本教学形式，以团体成绩为评价标准，以标准参照评价为基本手段，以全面提高学生的学业成绩和改善班级内的社会心理气氛、形成学生良好的心理品质和社会技能为根本目标，以短时、高效、低耗、愉快为基本品质的一系列教学活动的统一。

合作学习就是以学习小组为基本形式，利用动态因素之间的互动，促进学生的学习，以团体成绩为评价标准，共同达成教学目标的教学活动。合作学习对外语教学有着十分积极的作用，它可以降低课堂焦虑，增强自信心和自尊心；促进互动，激发学习动机；提供可理解的输入与输出；增加了交流机会，提高了语言运用能力；增强了跨文化意识；有利于发展学习者批判性的思维能力；有助于引导学生从依赖型走向独立型。

合作学习的优势在于它鼓励并支持有利于外语学习的情感因素：①学习者在小组中进行交流时的焦虑程度远远低于当着全班学生回答问题时的焦虑程度；②合作学习促进小组成员之间的情感交流；③在交流中，学习者获得更多的可理解的语言输入，同时向其他学习者提供类似的语言输出；④小组成员之间的相互合作和相互依赖有助于增强学习者的自信心和自尊心；⑤在合作学习中，学习者得到更多的积极反馈和帮助，从而激发了更高的学习动机。

网络环境下的外语合作学习不但具有以上优点，而且拓展了这种学习模式的对象和范围，提供了新的环境和途径。互联网络为外语学习者提供了真实自然的语言学习环境，避免了使用同一种母语的学习者过多依赖母语的可能性，使他们突破了课堂外语学习环境的限制，促进了他们随时随地同世界各地的外语学习者、目的语本民族语者的交流与沟通。互联网也有助于培养学习者的跨文化意识以及尊重他人和尊重不同意见的社会交往素养，有助于发展学习者的高层次分析思维能力，有助于引导学习者从相互依赖逐步走向自我独立。基于网络的外语合作学习不仅有利于创造良好的情感环境，还有利于学习者在有意义的任务中产出和理解语言，提高外语学习效果。

合作学习过程一般分为分组准备、探索、交流共享、展示和反思五个阶段。具体到网络环境下的外语合作学习，有学者提出了相应的合作学习过程，大致可分为组织准备、信息搜集与共享、成果展示和综合评价阶段。

组织准备阶段。受传统教学（以教师为中心）模式的长期影响，学习者往往还不能迅速适应这种学习模式，因此需要教师在开展网络外语合作学习之前，对学生进行相应的培训，有机会练习网络外语合作学习中所需的各种技能。另外，教师在提出学习任务的同时将学生分组，尽量做到小组成员在兴趣、能力和成绩方面各有所长，以保证各取所需，相互受益。小组成员根据任务进行讨论，交换不同意见，最后制订学习计划并进行明确分工。

信息搜集与共享阶段。这一阶段是小组成员各自收集信息，然后进行交流，实现资源共享。交流主要通过面对面、电子邮件或网上聊天等进行。各小组成员一起对所搜集的信息加以整理、分析、修改并归纳，最后达成一致意见，所有小组成员的劳动共同形成学习任务的最后成果。

成果展示阶段。每个小组通过网络向班级其他成员展示自己小组的成果并听取其他小组的反馈和建议，然后每个小组针对反馈信息进一步完善自己的小组成果。

综合评价阶段。这一阶段是对整个网络外语合作学习活动的一个回顾与分析。学习小组成员通过面对面或电子邮件交流分析在该项活动中自己的收获、对小组所做的贡献、同其他小组相比自己所处小组的优势与不足以及完善途径等，教师可以从中发现问题并及时解决。

3. 协作语言学习

计算机辅助协作语言学习的特点。

（1）交互性。计算机辅助协作语言学习不再是学习者的单独行为，而是语言学习者之间的交互行为，而且交互人数可变化（一对一、一对多、多对一、多对多），同步、异步交互均可，而且交互的过程可以记录保存。

（2）协作性。成员通过合作共同完成学习任务，分享学习成果。

（3）学习者的角色。学习者通过参与小组活动进行主动积极的学习，为自己的学习承担责任，被不断鼓励产生自己的想法；协作成员通过提出建议、相互讨论、争论、做出让步，最终达成一致意见，完成学习任务。

（4）教师角色的变化。教师转变成指导者、咨询者、设计者、调解者，要掌握的不仅是教学内容的逻辑序列和目标的合理安排，更多的是学生的协作情况、学习进程的规划设计。

（5）计算机的角色。计算机技术可以作为个人认知能力的增强物，它是学习伙伴，但它只是一个组成部分。要达到学习目标，产生有意义的学习，离不开教学大纲、教学过程、教师参与、学习活动等。

协作学习的优点是小组成员通过交流和合作往往能够更深层地学习知识、更长久地保留知识，并且学会批判性思考的方式、发展寻找并解决新问题的能力、培养社会交往能力、培养对知识主动学习的态度，建立良好的社会关系。

相关学者还研究了协作语言学习的情感问题，并对情感因素中的好奇心和自信心、控制、协作伙伴之间的关系等进行了探讨。

4. 移动学习

随着互联网技术和移动通信技术的不断发展，自作为一个网络外语学习概念提出以来，外语移动学习越来越受到研究者和使用者的关注。从 E-Learning 到 M-Learning 的变革在现代外语教育技术和教学应用领域内一直在不断进行，国内有学者甚至认为 M-Learning 代表着中国外语学习的未来。外语移动学习属于广义上的计算机辅助外语教学范畴。国内移动学习的实践还大量局限在校园无线局域网和基于短消息的移动学习阶段，主要提供基于短消息的学习服务，有的成功案例是在移动学习平台上实现了学习英语单词的专用移动学习系统。教育部高教司试点移动教育与实践项目，研究方向有基于短信的教育平台、基于连接的教育平台、移动计算、移动数据库以及移动站点。

（1）外语移动课程设计。外语移动学习的主课件要做到：①与电子教学提纲一一对应，努力细化教学单元；②教学单元间应呈现松散的知识结构，一个教学单元提供一个相对完整的知识内容，学生可以根据自己的忙闲程度适当安排学习；③每一个教学环节与上一个教学环节的依赖关系不能过于紧密，但一定要有些知识关联；④课件设计内容本着移动学习的宗旨，密切贴近学生工作和生活实际，在保证学习动机的前提下提高学习者的就业技能。

外语教师要针对关键知识点设计小型学习课件，其作用不仅是传递信息，还是以学生为中心，为学生设计、创造合作的机会，以真实的情境创设合作形式（对话练习、竞答比赛、竞猜谜语、角色扮演、小组讨论等），活跃外语移动学习气氛，丰富学习内容，通过宏观调控使学生成功进行外语移动交际活动。

（2）外语移动教学的配套措施。及时完善电子教学提纲，增加电子课外读物，加强移动教学监控，及时向移动终端设备生产厂家反馈移动外语学习的使用情况，等等。

从近些年的实践来看，大学生用户和高中生用户已成为移动外语学习的主力军之一。今后我国外语移动学习人群将呈现出成人、大中学生并增的趋势，未来学生用户必将成为外语 E-Learning 的最主要用户。

移动外语学习最主要的学习模式有两种：一是基于短信的移动学习；二是基于 WAP 链接浏览的移动学习。5G 时代的来临为移动外语学习拓展了极大的发展空间，在该模式下，移动外语学习系统可以实现移动学习者与系统之间、移动学习者与移动学习者之间、移动学习者与 PC 学习者之间的交互。新型的移动外语学习模式具有更大的优势，可以实现智能化的信息推送、高效的学习和反馈、实时交互、对个性化学习的支持。

第三节　英语课堂教学的反思与改革

一、英语课堂教学的整体化与个性化

（一）承认通性，尊重间性

当今世界正日益呈现出政治多极化、经济一体化和文化多元化的趋势，各种文化相互交织、冲突和融合，文化融合已成为不可阻挡之势。促进文化融合的首要任务是要承认文

化通性,尊重文化间性,从而构建一种覆盖各民族文化空间的普遍的全球文化。所谓"通性",是指文化间的可沟通性;所谓"间性",指的是文化间的差异性。

因为有了文化通性,不同民族之间的文化才有可能进行交流,不同民族间才可能相互交往。因为有了文化通性,不同民族间才有相互冲突的同一性基础,并最终互相融合为一体。

然而,不同民族间的文化并不只是具有通性的,各民族文化之间的差异,即文化间性也是不容忽略的一个重要方面。如果只看到"通性",而看不到或者忽视"间性",要想实现文化的融合并形成统一的全球文化是不可能的。因此,在承认文化通性的同时,我们必须承认并尊重文化间性。

尊重文化间性,就是要正确认识文化间性即文化的民族特色存在的合理性,"要尊重一个民族,要把一个民族看作自己的兄弟,就应该尊重他们的民族特性,即民族个性、特殊性,把这些东西看得同他们的生命存在那样重要"。我们要尊重、理解每个民族的文化特性,不能期待文化间性的消失。

尊重文化间性,就是要提倡各种文化"和平共处",形成平等、公正和互不干涉的交往原则,树立宽容、包容与理解的交往态度。

尊重文化间性,就是要开阔胸怀、放开眼界,应用超越式的思维方式考虑问题,要善于进行"立交桥式的思维",从而化解冲突、丰富文化,用世界主义的哲学眼光构建全球文化,实现各种文化的融合。

作为文化这条江河的一条支流,大学英语教学文化同样存在着通性和间性。我们同样需要承认大学英语教学中的通性并尊重其间性,构建和谐的大学英语教学生态环境。

(二)倡导校本性,彰显个性化

长期以来,统一性和同一性一直主宰着中国的大学英语教学,以致大学英语教学"千人一面"。全国上千所大学使用同样的几套教材,参加同一种考试,教学方式雷同,课程设置近似。于是,中国大学英语教学的显著特点是"通性"有余,个性与多样性不足。其实,作为一种文化样式,大学英语教学不只有其"通性"。我国幅员辽阔,各地区、各高校之间情况差异较大,大学英语教学应贯彻分类指导、因材施教的原则,以适应个性化教学的实际需要。在各学校之间存在的差异性即为"间性",不同学校大学英语教学的"间性"决定了各自的大纲、教材、教学方法和培养目标的不同。

校本性是化解大学英语教学"间性"的有效方式,在承认、尊重各种"间性"的基础上,学校应充分体现自己的校本性。因此,大学英语教学应立足于个性,以各校的教学实际为本,根据各自不同的人才培养目标,编写校本教材,开发校本课程,在学时、教学方式和教师教育等方面,倡导"百家百样""各舒所长",推行自下而上、草根式的校本教研,形成独特的大学英语教学特色。

彰显个性化也有利于消融大学英语教学的"间性"。长期以来,一元化思维在中国占据主流地位,做事强调集体统一行动,要求步调一致,"一切行动听指挥"。这种思维模式同样体现在大学英语教学中。新生入学后,不论其英语程度如何,全部从第一册教材开始学起;不论学生的英语基础有无差异,大学英语教学全部实施基础英语教学;教师只负责课堂教学,课后与学生基本没有沟通。个性化被悬置是大学英语教学中的一个突出掣肘。

教学是人为的活动，也是为人的活动。学生是教学的主体，一切教学活动都是为学生服务的，因此一切教学活动也都应以学生为本，凸显教学过程中的个性化。

每个学生都是独立的个体，学生间的英语基础、学习需求和学习方式等都千差万别。大学英语教学应充分体现个性化，因人而异，设置丰富、多元的课程资源，给学生充分的选择权利、选择自由和选择空间。在统一的基础上，注重个体差异，张扬学生的个性自由。

（三）自主学习

随着大学英语教学改革的不断深化，自主学习开始进入大学英语教学课堂。大学英语教学的目标是培养学生的英语综合应用能力，特别是听说能力，使他们在今后学习、工作和社会交往中能用英语有效地进行交际，同时增强其自主学习能力，提高综合文化素养，以适应我国经济发展和国际交流的需要。为了实现这一目标，教育部最近启动的新一轮大学英语教学改革的重要举措之一，就是改革现行的教学模式，将现在的教师讲、学生听的被动模式转变为以计算机、网络、教学软件和课堂综合运用为主的个性化和主动式教学模式。在这种模式下，培养学习者自主学习能力是教师的首要任务。

无论人们的意见如何，无论人们愿意与否，目前自主学习已渐成潮流，涌入大学英语教学中。各高等学校应充分利用现代信息技术，采用基于计算机和课堂的英语教学模式，改进以教师讲授为主的单一教学模式。新的教学模式应以现代信息技术，特别是网络技术为支撑，使英语的教与学可以在一定程度上不受时间和地点的限制，朝着个性化和自主学习的方向发展。因此，在网络条件下的英语学习可以帮助学生实现自我解放，学习者将被允许做出选择，对自己的学习承担起更多的责任。

二、英语教学发展的探索

大学英语教学要进一步前行，就要跳出工具理性主义的樊篱，冲破思想的牢笼，敢于破执，善于破执。破除工具理性主义的固有观念，构建文化自觉的生态环境。

大学英语教学应该吹响文化自觉的集结号。

首先，走向文化自觉的大学英语教学，要实现大学英语教学的融通。当今世界是一个融通的家园。从哲学的维度论之，科学主义与人文主义融通，主体与客体融通，文化与哲学融通，人活在一个全息而融通的世界中。从大学英语教学的维度言之，教师与学生融通，学生与学生融通，人与文本融通，人与环境融通，大学英语教学与中学英语教学融通，大学英语教学与英语专业教学融通，语言与内容融通，语言听、说、读、写、译诸技能融通，大学英语教学同样处于一个全息而融通的世界里。因此，课目—语言整合学习方式应成为大学英语教学走向文化自觉的首选之路。

其次，走向文化自觉的大学英语教学，应充分张扬学生的个性和自主性，打破教育一元化与齐步走的怪圈，承认大学英语教学的"通性"，尊重其"间性"；鼓励校本化，凸显个性化，还权利给学校，还权利给教师，还权利给学生。倡导"百家百样"和"各舒所长"，推展自下而上、草根式的校本教研，形成独特的大学英语教学特色。

教学是人为的活动，同时是为人的活动。学生是教学的主体，每个学生都是独立的个体，各个学生的英语基础、学习需求与学习方式等千差万别。在统一的基础上，注重个体差异，张扬学生的个性自由。张扬学生的个性自由，就是赋予学生充分的自主性，使学生在自由的学习生态环境中自主学习。自由意味着人是人的根据、人是人的理由，人自己掌握、决定自己。学生是学习的主体，是学习的主人。没有自由、没有自主性的学生就是学习的奴隶。

自主学习还学习者以自主，让学习者自主。学习者自主意味着学习者能对自己的学习负责，也就是说，学习者能够确定学习目标、决定学习内容和进度、选择学习方法和技巧、监控学习的过程和评估学习效果等。学习者自主还意味着进行客观的批判性反思，做出决定和独立行动的能力。学习者自主也意味着学习者能承担包括学什么、怎么学，选择学习时间、地点、材料与进度等责任在内的一种能力。

尽管人们对自主学习或学习者自主的理解见仁见智，但有一点是肯定的，那就是，自主学习应该将把本应属于学生的权利还给学生，把本应属于学生的自由还给学生。它悬置了大学英语教学千人一面的、标准化的、批量生产式的工具理性主义教学观，是大学英语教学走向文化自觉的"金光大道"。

总之，当代大学英语教学应从工具理性走向文化自觉，大学英语教学的文化自觉始终行进在途中。

三、英语课堂教学的改革

（一）基础英语课堂教学改革的必要性

课堂教学对学生的思维方式和学习模式有着很大的影响，尤其是在中国的文化语境下，外语教学有效与否在很大程度上取决于教师的教学理念和课堂决策能力。教师如何提高教学效果并帮助学生发现学习的意义，并不是某种理论或教学法能够解决的问题。教师需要以自己的课堂为取向，以特定的教学场景为依据，研究语言学习的本质，建构自己的专业认知和教学模式。

英语专业基础阶段的语言教学由于其技能训练的驱动，一直饱受质疑，被认为是以教师为中心而忽视学习者能动性的传统课堂。课堂教学偏重语言技能训练，忽视专业的学科内涵、学术深度及知识获取的认知过程，缺少对学生认知能力和思辨能力的系统培养，这些都在一定程度上制约了学生的求知欲。因此，为了提高外语人才的培养质量，基础英语课堂教学急需一番变革。至于如何变革，则需要外语教师立足自己的课堂，研究自己的学生，反思自己的教学行为，参照现有的研究成果，建构自己的教学理论，提高课堂教学效能，促进学生的学习。

语言学习有必要从依赖教师转向学习者自主，成功的学习者之所以获得成功，是因为他们对自己的学习有着更好的理解和掌控。当语言学习者能够决定自己的学习目标、选择自己达到目标的方式，并可以对自己的学习进行自我评价时，便会产生内在的学习兴趣，从而增强学习动力和提高语言产出。正如人本主义学习理论所强调的那样，真正有意义的学习只会发生在所学内容对学习者来说具有个人相关性及学习者能主动参与之时。而且，根据建构主义学习理论，学习者将个人意义带入自己的认知世界，在学习过程中将新的信息融入已有知识，不断建构新的意义。语言的社会属性决定了有效的语言学习需要社会情境和人际互动，语言课堂便是提供社会情境的互动场所。根据社会互动理论，人的学习与发展发生在和他人的交往、互动中，外语学习更是如此。有效的学习有赖于师生间和学生间的交际与互动，而学生的合作学习不仅能培养学生的协作精神，更能帮助他们运用交际策略和社会情感策略，通过与教师和同伴的互动，不断评价和调整自己的学习策略，以获得最大的成功。学习任务是教师与学生发生互动的纽带，而任务的完成需要教师提供一个与学生互动的框架。语言课堂教学就是要通过教师的中介作用，创造条件帮助学生自己获取意义，在学习过程中成为意义的建构者和问题的解决者。

（二）基础英语课堂教学改革的目标

基础英语课堂教学改革的目标是要通过加强课程的人文导向，构建一个综合运用目的语去获取和分享知识的研究型课堂，加强学生的思辨训练，提高学生的学习能力。研究型学习模式有利于培养学习者的自主性。要实现这个目标，首先需要在教学模式的形成和课堂活动设计的过程中找到人文教育和语言技能训练之间的平衡点。所以，语言课堂教学将对听、说、读、写的语言技能综合训练进行思想加载，充实人文内涵，培养学生的问题意识，养成质疑习惯，增强探究欲望，提高思辨能力。课堂活动以跨文化交际为目标，以思辨为驱动，加强师生及学生间的互动，优化输入和输出，使语言交际富有思想文化意义。课堂教学结合学习策略培训，加强学生的自主学习能力，帮助学生掌握语言体系知识、话语知识和文化知识，建构新的认知体系，为今后的学术研究打好基础。

1. 重构四个方面

加强语言课堂的人文导向与思辨驱动，是为了契合其学科性、专业性和它自身所具有的人文性。语言学习过程不仅是对视觉和听觉信息的解码和加工，还需在此基础上进行体验、感受、发现、判断和评价。英语专业的语言课堂教学需扭转以往单一的语言形式的教学取向，改变听、说、读、写的切分训练，代之以意义取向的语言任务教学模式：以问题为触发点，以思辨为驱动，发掘教材中的人文精神内涵，引导学生综合运用目的语去关注和体验社会文化。为了实现以上四个方面的探索，教师与学生需要相应地重构四个方面的认知。

（1）学生角色。学生不再是被动的知识接收器和语言信号的反应者，而是积极的意义建构者和问题解决者。

（2）学习观念。外语学习不再是以语言形式为导向，而是以思想为驱动。语言成为表达思想意义的媒介，提高英语应用能力是为了进行深层次的跨文化交际；外语学习不再是机械模仿、死记硬背，而是运用学习策略，进行有效自主的学习。

（3）课堂模式。课堂教学不再是单向的知识传递，而是动态的认知建构和意义商榷，是跨文化的体验场所。

（4）教师角色。教师不再是单纯的知识传授者和课堂掌控人，而是学习中介人。教师首先要有人文情怀和质疑精神，要引导学生关注社会，并将语言技能的习得有机地贯穿在跨文化交际活动中。

这四个方面互为关联，相互影响。其一，学生首先要明确自己在学习过程中的作用，从依赖教师过渡到自主学习；其二，学生的自主性有赖于其学习能力和思辨能力的提高，只有学生愿学和善学，才能驱动他们不断建构知识和意义，所以，思辨能力的提高和学习自主性的加强互相促进。其三，加强学生的学习自主性需要搭建辅助平台，而教师要起到

"构架"的作用,为学生提供交际互动的界面,帮助学生发现学习意义和实现学习目标。

2. 克服四个难点

改变教学理念,向教学改革的目标迈进,又需要克服四个难点问题。

(1) 如何调整学生对外语学习的固有信念。中国学生长期处于应试的压力之下,他们养成了对教师的依赖,习惯教师掌控下的课堂学习模式,需要时间来适应一个可以进行意义和形式商榷的课堂。而且,不少学生对外语学习有认识误区,认为学外语就是记单词和背语法规则,而这种认识误区的扭转并非一朝一夕就能实现。

(2) 如何兼顾学生不同的认知风格。学习者有个体差异,而不同的个体往往把自己的经验和认识带入语言学习中,并以自己的方式建构学习意义。教师在设计教学方案和课堂活动时需兼顾不同学生的学习期待,使学生乐于参与并有所收获。

(3) 如何鼓励学生勇于尝试。人文导向、思辨驱动的课堂活动会增大信息差与歧义空间,而习惯教师解词说句的学生会一时难以适应。教师需要帮助学生认识语言学习的本质,鼓励学生积极参与意义商榷和思想交锋,建构学习意义。

(4) 如何提高教师的自主能力。人文导向、思辨驱动的课堂教学要求任课教师本身具有很强的人文意识,尊重学生的自由思想和独立人格;同时教师需要系统了解语言教学理论和方法,研究外语学习中相互影响的各种因素,并以此作为课堂决策时必不可少的依据,从而更有目的性和针对性地组织课堂教学。

总之,四个探索目标的实现、四个方面认知的重构及四个难点的克服,这些都需要教师具备一定的专业素质,掌握相关的学习理论,积累足够的教学经验。然而,在既定的大纲、课程、考试和其他评估体系的制约下,高校英语教师,尤其是承担基础英语课程教学的教师,若要创造性地建构课堂教学意义,有着不小的难度,不但需投入更多的时间和精力,还需要有关领导的理解和支持,更需要同行的相互帮助。

(三) 课堂教学改革的主体因素

课堂教学改革的主体因素是学习者,因为所有课堂决策都需要通过学习者的理解、接受、合作和支持而得以实施。学生在进入大学之前,他们的学习动机、学习观念、认知风格、管理与评价策略就已经形成。但由于长期的考试压力,学生的认识系统会有一定的偏向。因此,教学改革的第一步是要了解学习者的学习观念、需求和期待,帮助他们重塑自我概念,明确自己在学习中的主体作用,发挥主观能动性,掌握有效的学习策略,提高学习能力,成为自主的学习者。

1. 学生的主体意识

学生是学习的主体,课堂教学改革要以学生为中心,并以学生的需求为依据来进行。在学习者个体差异研究中,学习者观念是一个重要因素。学习者观念除了管理观念和语言学习观念之外,还涉及学习者对自己作为学习者的自我认知。课堂教学需重视学习者的个体因素,而学生在进入外语课堂时已形成了自己的学习观念、动机、专业期待和学习风格。学生将这些个人特质带入学习过程,并以各自的方式建构自己对所处环境的感知。同时,学习者会时不时地试图按照新接受的信息调整自己的已知世界。因而,学生的一些个体因素会因为环境的改变而发生变化。在语言学习的情境中,学习者如何看待周围的世界,他们怎样理解自己身处的这个世界,如何在学习和知识建构中发挥重要作用,这些都对教学的成功至关重要。因此，教师不仅需要了解学生，还应该帮助学生形成清晰的自我认识，认识自己在外语学习中的主体作用，并了解自己的认知风格，调整自己的学习观念和动机。

外语教育的目标之一是培养学生成为自主的学习者，而自主学习者的两个先决条件是意愿和能力。学生的自主意愿取决于其是否意识到自己在语言学习中的主体地位，学生的主体意识是其学习观念的重要组成部分。

2. 学生的自我概念

学生的自我概念是学生作为学习者对自己的认识，其形成与学生以往的学习经历及周围人对自己的评价有关。教师需要了解学习者是如何认识自己的，学生也需要认识自己是怎样的学习者。学生的自我概念可以通过学生的个人陈述和自我反思得以反映。

（1）学生的个人陈述。中国的高中毕业生是凭着高考成绩进入高等院校的，但我们可以要求入校的新生每人用英语写一份"个人陈述"，这不失为帮助教师了解自己学生的一个方法，而且在写"个人陈述"的过程中，学生也会对自己进行审视，将以往的学习经历进行梳理和反思，并对将来的学习有一个初步的规划。再者，通过学生的英文"个人陈述"，教师还可以了解学生的英语水平和思维能力，这比入学时进行一场标准化语言摸底测试更有效。更重要的是，"个人陈述"为教师和学生本人提供了学生的自我概念图式，这实际上也是一个元认知的反思和计划过程。

（2）学生的自我反思。学生的自我概念虽然相对稳定，但也不是固定不变的。在新的环境中进行专业学习，学生的自我形象、自尊心及自我效能感等都会有所变化。经过一学期的学习后，学生需要反思和评估自己的专业发展过程，确定新的学习目标和拟订新的学习计划，这些都可以帮助学生形成清晰的自我意识，明确学习目标。

这种建构自我意识的反思是学生成为自主学习者的前提，因为自主的学习者首先要对自己作为一名学习者有清晰的意识，知道自己的长处和弱项。这样才能明确自己的学习目标、监测自己的学习过程、运用有效的学习策略及评估自己的学习结果。所以，要求学生经常反思自己的学习过程是一种很有效的方法，一方面教师通过这一方法了解学生在语言学习中的需求，以做出合乎实际的课堂决策，另一方面学生对于自己作为一名语言学习者有了更深的了解，能够自觉承担起对自己学习的责任。

3. 学生观念的重塑

中国学生长期处于考试的压力下，他们对教师有一种依赖心理，习惯教师掌控下的课堂学习模式。想要使学生在专业学习中发挥自己的主体作用，就需要帮助他们调整对外语学习的固有观念，让学生相信，学习是学习者主动积极地建构知识，而不是被动地接受教师的传授。

有些学生由于以往的学习经历，习惯于侧重语法点的课堂教学，认为学习外语就是精通语法规则和扩大词汇量。这些学生会因为教师没有在课堂里详尽地解词说句而感到不安，尽管参与了课堂活动，还是会感到没学到东西。而且，在听力练习和阅读理解中，这些学生容易因为纠结于某个词句的精确含义而失去对全文的把握，甚至会因此而产生语言焦虑。教师需要对这些学生进行引导，使他们明白外语学习的目的在于交际，而交际的过程需要意义商榷，鼓励他们为把握通篇意义而容忍局部歧义。

教育心理学有两个重要理论与学生的观念重塑相关：控制点理论与归因理论。前者涉及学习者对自己学习过程的控制感，也就是对自己是否能够控制生活实践的信念；后者是指学习者将自己学习的成功或失败归结于某些原因。学习者若是有着较强的"内控信念"，也就是说，他们相信一切都在自己的掌控之中，就倾向于在解决问题的过程中积极寻求和恰当利用信息，并表现出极大的学习热情和强烈的探索欲望。而那些持有"外控信念"的学习者，会认为自己的学习正被别人或其他外界因素所控制，他们在学习过程中就会经常抱怨，表现消极，总是找客观原因，缺少探索精神。

课堂教学活动能够改变学生的控制点和归因向度。教师在营造课堂氛围时要设法增强学生的归属感和安全感，要让学生确信自己作为学习的中心要发挥主体的作用。教师帮助学生分析自己的长处和不足，制订切合自己特点的学习计划，并对自己学习计划的实施负起责任。教师要引导学生相对地看待学习中的成功与失败，辨识原因，客观地评价自己的进步，相信通过自己的努力及能力的提高，困难就不是固定不变的不可控因素。

4. 学生学习能力的提高

学生树立自我主体意识，认识到自己在外语学习中的主观能动性，这是迈向成功学习的第一步，也是关键的一步。但要想成为成功的语言学习者，学生还需提高自己的学习能力。学习能力包括两个方面：策略运用管理能力和学习自主能力。基础英语课堂教学的一个重要目标就是要帮助学生找到适合自己的学习策略，并有效地运用到语言学习过程中。学习策略培训可穿插在各个教学环节，并且循环实践。

实际上，大多数学生在学习过程中都使用了某些策略，但却没有意识到自己在运用这些策略，只是觉得某种做法能有助于完成特定的一项任务。教师在进行学习策略训练时需要将学生常用的策略显性化，并告知学生还有哪些策略可以选择，以及这些策略的具体作用。策略训练中尤其重要的是元认知策略的运用。元认知策略能使学生明确某一学习任务的目标、自己对这项任务的了解程度、完成任务过程中的困难程度以及将采用什么策略来完成此项任务；元认知监控策略有助于学生监测自己的学习过程，检查策略的有效性；元认知调节策略能够帮助学生调整学习进程、速度和进行策略切换。总之，元认知策略的运用使学生的整个学习过程处于清晰的意识之中，同时保证了认知策略和其他策略的有效使用。学生若是清晰地意识到在语言学习和语言运用过程中有一系列的策略可供他们选择，他们的语言学习效果就会得到很大的提高，而加强学生策略意识的最有效方法就是教师提供基于策略的课堂教学。

第四章 大学英语教学模式改革创新

第一节 基于反思性教学的英语教学模式改革创新

一、反思性英语教学模式的内容

(一) 反思性教学特点

反思并不是对教学进行简单的思考。教学是一个复杂的过程，本质上要求教师既要对教学情境进行感知，还要对自身内部认知过程进行反思。只是进行备课或者认真批改作业等并不是反思性教学。具备下列条件才能称之为反思性教学：①教师反思的内容必须出现在包括教学活动的社会情境之中；②教师必须对有待解决的问题产生兴趣；③反思的内容必须来自教学实践；④反思的重点是教师所在的教学环境中的问题；⑤反思的问题来自教师本人并由其自己解决；⑥反思必须要有系统的程序；⑦对问题的观察所得出的结果必须来自教师的教学经验；⑧教师的观点有待通过教学实践检验；⑨教师关于教学的观点一旦得到证实，就必须付诸行动，观点与反思行动之间是互动的；⑩反思行动可转化为对教学的新的理解和新的实践。

(二) 英语教学中反思内容

对反思性教学的内涵、作用和特点谈了这么多，那么在英语教学中，反思从何入手？教师应从哪些方面进行反思？事实上，作为自主发展的教师，要反思的内容非常广泛，下面我们就教师在教学过程中可以反思的一些内容作阐述。

1. 反思教师自己的教学信念

在外语教学中，任何一个教师都要在教学过程中完成诸如呈现新的语言内容、选择和组织新的学习活动、提供实践机会、提问、检查、复习等一系列语言教学任务。在组织完成这些任务时，他们必然反映出对语言学习及语言教学的信念（beliefs）或思维过程。这种信念或思维反映在教师的认知、情感和行为三个层面上。认知在于呈现知识，是教师教学信念的组成基础；情感在于激发调动感情的投入和做出评价，是教师教学信念的维持动力；行为在于需要行为时采取行动，是教学信念的具体表征。

教师的英语教学信念系统的形成源于多种因素。其中，教师受教育时的经历，如做学生时的学习经验，特别是他们的老师对他们语言教学信念的形成影响很重要。教师对英语课程的教学目标、价值、教学内容和过程的认识，教师所处的工作环境以及他们在其中的作用也对他们的信念系统的形成产生很大的影响。另外，教师自己的成功教学经验、语言教学常规实践行为、观摩其他师的教学也有助于教学信念的形成。此外，教师通过阅读语言教学理论、语言教学方法以及其他教育理论等都会对教师教学信念的建立有促成作用。

教师的教学信念是通过一定的时期后渐渐建立起来的。不同的教师由于其不同的学习经历、教育背景、教学经历、知识结构等不同，其教学信念亦不同。但教师的教学信念并不是一个静态的信念系统，而是一个不断变化的动态过程体系，它总是在不断的变化与形成过程之中。教师的教学信念在外语教学中有着决定性的作用，它直接影响教师对某个语言教学或学习问题的判断，并进而影响其课堂教学决策、教学步骤、教学行为、教学的评价、对学生语言错误的态度等等几乎所有与语言教学相关的因素。很多研究表明，教师的教学信念与其教学决策相一致，持不同信念的教师做出的决策具有很大的差异性。

了解教师的语言教学的信念就容易理解他们的教学行为，而反思教师对语言教学和学习的信念对教学具有至关重要的作用。只有通过反思，教师才能清楚地意识到自己的信念是什么，弄清自己的教育理念以及这些理念对教学实践产生的影响。要一名老师反思自己的教学信念并不是一件容易的事情，因为教师的教学信念往往被其视为是教学财富的积累、经验的结晶，改变一个人的信念也尤其艰难。但反思教学信念并不是要教师轻易改变自己原有的信念，反思的目的是要对教师的教学信念对其教学行为和决策的影响进行分析，认清哪些信念有助于语言教学，哪些不利于语言教学，只有坚持哪些符合语言习得规律的教学信念，教师的教学和学生的学习才不会在"费时低效"中循环。

2. 研究并反思学生的学习信念及其他特征

与教师的教学信念对其教学决策和教学行为产生影响一样，学生对语言教学和学习的信念（learner beliefs）及其他个体特征（individual factors）如认知方法、学习策略等对他们的语言学习也产生很大的影响。学生外语学习的信念系统的形成也受众多因素的影响。学生以前的学习经历，包括其他课程的学习和英语学习的经历，学生的性格特征，所偏爱的学习方式和学习策略等都对他们的语言学习信念的形成产生重要的影响。此外，学生所处的社会环境、教育环境、文化传统、课堂学习环境，尤其是教师对目的语言的观念及其所体现的课堂教学的行为，也对学生语言学习信念的形成有着直接的影响。因此，学生对外语学习的信念具有跨文化差异的特点。

学生的学习信念系统包含有他们目的语言的学习动机、态度、他们对目的语言学习的理解认识、对目的语言难易程度的期待，以及所偏爱的学习方式和学习策略等。学生对英语学习的信念往往相对固定，他们会从不同的角度来看待英语学习（beliefs about language learning），看待教师的教学（beliefs about teaching），看待语言学习的技能（beliefs about the four language skills），对自我的认识（beliefs about self），对学习目标的认识（beliefs about goals），以及对什么是正确的课堂行为也有不同的认识（beliefs about appropriate classroom behaviour），不同的认识会导致不同的学习态度。比如，如果英语学习中最重要的就是语法，他们就会对以语法为主的教学方法感兴趣或会做出积极的肯定；而认为英语学习中最难的就是掌握词汇，他们就会想方设法来记忆背诵词汇；认为阅读是扩大词汇量最有效的方法的学生则会通过大量阅读来扩大词汇，而不是死记硬背。学生对英语学习所持的不同的信念或态度会对教师组织教学带来困难。

学生对语言学习与语言教学所持的不同观点是由于他们认知方式或学习方式有差异。所谓认知方式是指学生在英语学习中喜欢采用的处理或解决学习问题的具体方式。在英语学习中碰到的问题，不同的学生有不同的处理方式。有些学生喜欢独自学习而有些学生喜欢小组活动；有些学生感觉用笔写下单词或句子有助于记忆，有些则喜欢将词汇与图像联系起来记忆。学生的学习方式一般被分为四种类型，即具体型学习方式（concrete learning style）、分析型学习方式（analytical learning style）、交际型学习方式（communicative learning style）和尊重权威型学习方式（authority-oriented learning style）。不同学习方式使学生在英语学习过程中对课堂活动、教师的教学行为、教学重点、课外学习等方面都会表现出不同的偏爱。譬如，具体型学习的学生喜欢在课堂里通过游戏、图画、电影、录像、小组活动等形式来学习，分析型的学生喜欢学习语法、喜欢学习教材，而交际型的学生喜欢运用英语进行各种交流、喜欢观看英语节目等，尊重权威型的学生喜欢教师把一切都解释得很清楚等。

语言学习是一个复杂的过程，学生在学习信念、学习方式上都表现出很多不同的特点。在外语教学中，学生的学习信念、学习的心理过程、学习方式和学习策略的差异等都值得教师进行反思和研究。因为学生是教学活动的主体，教师只有深入全面地了解学生的兴趣需求、学习方式、学习策略的特点，并结合自己的教学进行广泛的反思，及时给予学生相应的策略和方法的指导，才能促进学生的学习。

3. 反思教学的决策方式和过程

在教学过程中，教师每一堂课都得面对各种选择做出最适合实现某一教学目的的决策。教师的课堂教学决策（classroom decision-making）被视为是教师的一种重要能力，也是教师职业技能的关键所在。教师的教学决策受其教学信念（teaching beliefs）的支配影响，同时所做出的决策又会直接影响到其课堂教学步骤和教学行为。因此，反思教学决策是否有效，是否有助于语言学习，对提高课堂教学质量具有非常重要的意义。

教师的教学决策是一个非常复杂的过程，教师做出教学决策的过程受教师的丰富而合理的知识结构（教师所具备的学科内容知识、学科教学知识、一般教学知识、班级管理知识、情境知识等）和教师的教学信念的影响。此外，教师的教学经验、情绪、性格等教师因素，学生的能力、兴趣、学习经验、学习参与程度、行为等学生因素，以及情境方面的如课程性质、教学目标、学校资源、偶发事件、来自家长的压力等因素都会对教师的教学决策产生相当程度的影响。

教师的教学决策包括三个方面，即计划性决策（planning decisions）、互动性决策（interactive decisions）、评估性决策（evaluative decisions）。计划性决策是在课前做出的决策，它视教学目标而定。这种计划可分为宏观计划和微观计划，或叫作整体计划（overall plans）和日常计划（day-to-day plans）。整体计划是为整个课程的教学目标而设定；日常计划则指每次上课的计划，也就是平时备课所写的教案，它通常包含本次上课的目的、要呈现的学习内容、要开展的活动、每项活动所需的时间、所需的教具、拟采用的教学策略、预计出现的问题和应变措施、家庭作业的布置等。互动性决策是教师在课堂上遇到非计划性情况时所做出的决定。课堂教学是一个动态的过程，在很多情况下它具有不可预见性，教师不能机械地按照事先制定的日常计划步骤来开展教学。因此，教师应具备根据课堂教学中出现的情况做出及时应变的能力。能够恰当地使用互动性决策是一种基本的教学技能。在使用这一技能时，教师需要在教学过程中随时根据观察学生的注意力集中的情况、对教学内容做出的反馈估计教学进展情况，判断是否需要及时中断，对所呈现的内容再做讲解，或对学生进行简单检测以了解学生的理解掌握情况。互动性策略是教师职业的关键技能，它能使教师通过从学生反馈的信息中得到启示并及时调整自己的教学行为，为学生提供理想的学习支持。而评估性决策则是教师在课后对所做的对教学是否成功、教学内容是否符合学生需求、学生课堂参与情况、备课内容是否充分、教学目的是否已达到、学生的反映情况等问题的总结、反思和评估。教师对课堂教学的评估通常与他们对语言教学的信念和假设相一致。

教师的课堂教学决策对其课堂教学实践产生重大的影响，直接关系到教师的课堂教学成功与否，也对学生语言学习的过程和最终效果带来直接影响。因此，反思自己的课堂教学决策是否符合语言教学目标的实现、是否符合语言学习的规律、是否有助于学生的目的语言能力的提高非常重要。

4. 反思教师在教学中的角色

在教学中，教师所扮演的角色是多重的。教师角色特征是随着社会的变化而变化的。随着信息技术的发展，教育与课程正在走向网络化，基于网络的教育和课程活动赋予了教师的角色以新的内涵，教师的角色从传统课堂教学中主讲者转变为组织者和辅导者，从课程教材执行者转变为课程教学的研究者，从文化知识传授者转变为知识体系建构者，从教育教学管理者转变为人际关系的技术家，而且还将扮演协调者和管理者的角色。而从学校教育工作的角度综合来看，教师所扮演的角色主要有以下几种：言传身教、教书育人的教育者、文化知识的传递者、智力资源的开发者、心理健康的指导者、学生集体的组织者、学校与社会的沟通者、教育现代化的开拓者。

从某种角度来说，语言教师所扮演的角色包括了上面所述的所有角色，因为作为学校教育的一部分，外语教育的根本目的是学生素质的提高和学生的全面发展。但外语教学又具有其自身的特点，除了在不同的情境里要扮演好上面所述的角色外，外语教师应根据课堂教学的具体情况来扮演不同的角色。

教师角色还受教师教学风格（teaching style）的影响。由于教师是个性化的活动，教师往往根据自己的教学信念和教学经验来确定自己在课堂教学中的作用。他们会根据教学任务、活动目的、形式来变更自己的角色，他们可以是策划者、启发者、鼓励者甚至是课堂活动的普通一员。很多角色作用是重叠的，要视教学步骤、教学情境和教学需求来定。此外，教师角色定位也受教师所处的社会文化传统和教育背景的制约影响。任何文化对于教师、教学、学生都有自己的定位。观念的不同，对教师的职责、作用、教学方法与学生学习的期待也会有所不同。中国传统社会文化对教师作用的定位与西方文化有很大的差别，因此在借鉴现代西方外语教学理论和方法的时候，我们要注意到文化差异带来的影响。

但在语言教学强调以学生为中心、培养学生自主学习能力、注重教师自身专业发展的今天，人们普遍认为教师的角色应当是需求分析者（needs analyst）、课程制定者（curriculum developer）、教材编写者（materials developer）、顾问（counselor）、辅导教师（mentor）、团队成员（team member）、研究者（researcher）和专业人员（professional）。

5. 反思课堂结构形式

外语课堂教学结构（structuring of a lesson）是指一节外语课的课堂教学中教师和学生活动的组成部分，以及各组成部分之间的顺序、联系、规律性和教学时间分配的组织形式。语言课堂结构也是语言教学的具体实施过程，课程标准、教学大纲、教材的指导思想和要求、教学原则，只有在课堂上才能得到具体的体现。教师的教学信念、教学策略和方法等都体现在课堂结构之中；课堂也是教师和学生交流的主要场所，是教师控制学生情感因素、协调学生学习行为、保证语言输入数量和质量的地方；同时也是学生获得主要的可理解的目的语言输入，如教材内容、教师用语、同伴用语等的重要场所。因此，无论是在传统的外语教学法还是在一些最新的外语教学方法的主张中，课堂教学都是特别强调的教学环节。

外语课堂教学结构也叫课堂教学步骤或程序（procedure）。一节外语课包括以下几个基本结构或步骤：①组织教学；②检查复习；③传授新知识并进行新技能训练；④巩固新知识，培养用语能力；⑤布置家庭作业。课的起始对整节课来说较为重要，因为教师要利用短短的几分钟的时间帮助学生回顾上次所学内容、调动相关知识、营造恰当的课堂气氛、给予学生调整进入状态的时间等等。教师在完成课的起始阶段后，便要对本节课要呈现的内容和一系列的教学课堂活动做交代。这些活动构成本堂课的主要模式，也是占用课堂时间最多的一个环节。课堂活动会根据教学任务类型和教师采用的教学方法的不同而有所不同。由于每一次课都是由多项课堂活动构成，每个活动占用的时间长度就需要教师慎重考虑，因此，把握教学的进度策略便尤为关键。课堂结构的最后一个环节就是课堂的结束。课堂往往是通过简要归纳总结所呈现和练习的内容，然后布置课外作业和提出为下次课做准备的要求等形式结束的。

在课堂活动中，不同的语言教学方法或路子由于其语言理论和所倡导的教学原则的不同而要求使用者采用相应的课堂活动组织原则。例如，情境教学法要求课堂活动的结构形式为：①呈现；②控制性练习；③自由练习；④检查；⑤进一步练习。而交际语言教学的课堂活动模式是由前交际活动和交际活动组成。前交际活动通过准确性语言活动来呈现结构、功能和语法，它强调语言的准确性，而交际活动则是注重信息的分享和交换，强调语言运用的流利性。在任务型语言教学（Task-Based Language Teaching）中，任务活动一般是由前任务（pre-task）、任务环（the task cycle）和后任务（post-task）三个步骤组成，前任务是对话题和任务的导入（Introduction to the topic and task）；任务环则包括任务（task）、计划（planning）和报告（report）；后任务活动是听由本族语者或语言使用流利的人完成相同任务的录音。此外，语言课堂活动类型还会因活动的特点及教学目的而采用特定的课堂活动模式。

但需要指出的是，从国外对外语教学课堂活动研究的结果来看，大多数语言教师熟知并广泛采用的传统教学模式 PPP，即呈现或讲解（Presentation）、练习（Practice）和输出（Production）已经被证明根本不符合学生学习外语的规律。PPP 的理论基础已被否定。因为，在语言学和心理学中，人们不再认为密切聚焦某一语言形式会导致学会并自动成为语言知识的一部分。第二语言习得理论研究也发现，学生并不会吸收课堂上教授的内容。我们再怎么努力去教某一语言形式，仍无法保证学生一定会在某一时间内学会这一语言形式。教师们也从经验中发现，我们所教的东西并不等于学生所学到的东西。由此可见，外语学习过程十分复杂，原非某种固定的课堂教学活动模式就能帮助掌握学会教学活动所呈现的内容。

语言课堂是语言教学过程最具体的体现，是外语学习环境中语言输入和语言实践最重要的场所，反思和研究语言课堂结构的目的是探索在有限的时间内怎样使课堂教学达到最佳效果。因此，教师不应墨守成规，应对自己所遵循或所信奉的课堂教学模式进行积极反思，探索适合自己教学语境的最有效的课堂教学模式，以尽可能地实现课程教学目标，促进学生的英语学习。

6. 反思课堂语言活动

课堂语言活动是外语课堂教学的基本形式和主要内容，它是指为了某一特定教学或学习目标而设计的任务。语言活动对教师的教学概念的形成与组织课堂教学都产生影响，同时它又是学生获得语言输入和进行语言输出最直接、最有效的途径之一。一切外语教学思想、教学原则、教学模式都必须要有与之相适应的语言活动作为其实践形式，因为语言活动是培养学生语言运用能力、实现教学目标的主要途径。外语教学就本质而言是一个信息转换过程，即通过教师与学生、学生与学生之间的交际活动使学生认识、掌握一门新语言，是教师组织语言活动使学生接受、加工、处理、操练、保存、运用外语信息的过程，也是呈现—输入—转换（操作）—输出信息的过程。从宏观上看，课程标准已对教学目的、教学要求和教学原则作了明确规定，教材也提供了适当、有序的语言信息输入量，教师的任务就是与学生一道围绕教材开展各种各样的教学活动。通过一系列活动，教师帮助学生接受信息、加工处理信息、操练信息、保存信息、运用信息、保证信息量输入与输出的平衡。因此，精心设计和组织语言活动，是提高学生语言知识向语言技能转化、是提高外语教学整体效益的基础性工作。

在课堂教学中，教师根据自己对学生学习过程的信念认识以及支持这一过程的最佳手段而采用各种教学方法和语言活动。但是，不管教师采用什么样的教学方法和教学活动，所使用的活动类型却是有限的。

这样的分类尽管不是绝对性的，且有些活动的分类会相互重叠，但却有利于教师在教学过程中根据教学内容和目的选用恰当的活动类型。英语教学中几乎每一节课教师都会组织活动来完成教学或学习目的，在选择、设计和组织课堂语言活动时，教师必须考虑一系列因素以确保教学目的的实现。首先，要考虑到活动的目的、步骤、各个步骤之间的连贯、复杂程度和具体要求。学生对活动的理解程度会影响到学生参与活动的积极性，活动所需的步骤和具体要求也应让学生知道，以便使他们能够做恰当的准备工作。其次，教师还应为所组织的活动准备各种素材资料，除教材外，教师还可以广泛动员学生积极为活动提供各种资源。接下来就是分组，活动可以是个人独立完成，也可以是结队、小组或由全班来完成，但分组时要考虑教学目的、学生能力、教师性格因素与特定的教学风格、教师对教学的信念以及教学环境和文化因素。在开展活动时，使用什么样的学习策略也应该让学生清楚，因为参与活动通常是培养学生主动使用有效策略的良好机会，学生在完成活动的同时，还可以提高他们使用学习策略的意识和学习的能力。此外，教师必须明确每项活动所需的时间，活动结束后学生应获得的收获以及对学生活动的评价。

总之，课堂语言活动是外语教学中的重要内容，大多数课堂教学都是围绕完成各种活动来进行的，活动的实施成效事关语言教学目标能否实现、学生目的语言能力能否提高。

对一位合格的外语教师而言，针对每堂课的不同内容精心设计和组织恰当的语言活动是其基本教学技能。在教学中，教师应转变主宰课堂活动的传统角色，以学生为中心，组织有效的课堂学习活动，对活动进行经常性的反思，及时总结并加以改进，使语言课堂教学行为化，提供大量的课堂运用目的语言进行交流的机会，才能提高学生语言知识技能化的效率，促进学生语言能力的提高，同时促进教师自己的专业发展。

英语教学中值得进行反思的内容远不止这些，与英语教与学相关的一切因素都可以是反思的对象和内容。教师可以根据自己所处的语言教学环境和教学实际情况，结合学生的学习状况在不同的阶段选择性地对教与学的某些内容展开反思。

二、反思性英语教学策略

（一）反思性教学的过程

反思作为提高教学质量和促进教师专业发展的一种策略，不是传统意义上的"吾日三省吾身"和"扪心自问"，它遵循一定的程序，教师必须熟悉这一程序，才能提高反思的效果，否则可能使反思变成混乱和无效的行为教学的过程。根据国外对反思性教学的研究，大多专家提出的反思过程一般包括以下几个步骤：（1）发现问题，教师反观自己的教学并梳理出其中存在的问题，选择特定的问题予以关注，并在可能的范围内，如从课程、学生等方面广泛收集与此相关的资料；（2）分析问题，教师根据所收集的资料，以批判的眼光审视自己的观念和教学行为，进一步对发现的问题进行确认；（3）建立假设，教师在自己的内心中搜寻与当前问题有关的信息，或通过阅读专业书籍、请教同事或专家、集体研讨等方式，提出解决问题的各种假设，并在内心对假设的效果进行预测；（4）验证假设。在对假设进行深入思考后，教师开始实施行动计划，积极验证假设，当这种行动能够被观察和分析时，教师就开始了新一轮的反思循环，从而形成有效的反思链，以至循环往复，不断深化发展。

外语教学反思过程由下列部分组成：观察（observation）—阐释（interpretation）—内省（introspection）—质疑（questioning）—寻求替代（consideration of alternatives）—调整教学（adaptation of instruction）。观察主要指教师观察和记录自己的教学活动，观察应针对某个具体问题；阐释主要是探寻所记录问题的意义，在这一阶段教师试图根据教学理论为课堂活动寻求理论依据；内省是教师重新思考固有的观念的过程，这一过程有助于教师寻求对长期形成的如何教、如何学等信念的解决办法；质疑就是寻求教学行为和固有的观念之间不一致甚至矛盾之处，特别是指在课堂教学中寻找未能实现预期教学目标的行为；寻求替代是教师在澄清了对教学行为的认识以后，根据新的认识寻找新的方法或处理方式替代与现有的认识不符的教学行为；而调整教学是在深思各种行动的效果后，在教学中实施新的行动计划，然后这一新的行动又处于观察、阐释之中，从而形成新的反思环。

（二）反思性教学实施方法

在英语教学中，反思性教学可由许多形式和手段来实现，教师可根据自己的教学条件，采取不同的方法，但常用的反思方法主要有：

1. 记教学日志（dairy or journal keeping）

教师日志是教师在完成一天或一堂课的教学后，记下自己对课堂教学过程中的感受和体会。教学日志应记录课堂常规性的和有意识的行为与学生的交谈；教学中的重要情节；教师个人生活；教师对教学的认识：对教学有影响的课堂以外的事情；教师对于语言教与学的观点。写教学日志有两个主要目的：一是可以为日后进行反思教学留下教学过程和思考的材料；二是写日志的过程就可促使教师对教学过程进行思考。譬如课堂提问方式，教师可记录提问的方法、次数以及课堂提问方式，学生对此的反映等。在此基础上，教师可查阅国内外对这一问题研究的相关文献资料，对此进行进一步的探究，通过对比分析，找出自己教学中存在的不足，吸收他人成功的经验成果，并在自己今后的教学中逐渐改进。同时，也可与同事就这一问题展开自由讨论，畅所欲言。根据教师各自在课堂教学中对这一问题的认识，叙述自己的提问方式、各自是如何进行反馈、采取什么样的补救措施，以及解决的办法和在解决问题的过程中所受到的启发。

2. 课堂报告（lesson reports）

课堂报告是指回忆并记录下一堂课教学中的主要特点，其目的是使教师能够简单快捷地、经常性地监控课堂教学发生的情况、教学各项内容所花去的时间以及教学效果等。课堂报告是从教师的视角对课堂所发生过的情况的真实描述，但课堂报告并不是对课堂中所发生的一切情况的全面真实的记录，而是只记录那些重要的特点。因此，它有助于教师对自己的教学进行有效监控。

课堂报告可由教师单独完成，或者是由教研小组共同来做，要与课程目的和内容相符。在运用课堂报告这一反思方法时，教师应尽可能详细地确定课程和课堂教学活动、步骤和所用教学资源的主导思想，也可准备课堂报告表格，并在整个教学过程中经常使用。此外，教师应与教同一课程的同事定期会面，相互检查和讨论所做的课堂报告。在讨论的过程中，教师应注重出现的彼此差异，弄清原因，如有必要，应改进和调整自己的教学方法和策略。

3. 课堂观摩（peer observation）

课堂观摩是同事之间相互听课，以观察和分析同事的教学活动。教师可以以教研组或同上头课的教师为单位，相互听课，相互学习，或者参加各种公开课，到同一地区不同的学校观摩教学。观摩应该有明确的目的，而不是为了获得整体印象。可以观察教师整个教学过程安排是否合理，教师如何处理课堂教学中的问题，也可以特别注重某一环节，如教师的课堂管理（classroom management）、教学技能（teaching techniques）、学生反应（students response）、错误处理策略（error correction）、师生关系（teacher-student relationship）等。但必须强调的是，通常教师是不愿意让人去听课的，主要是由于以往的听课总是与对教师的检查评估相关联。因此教师之间应该清楚，以反思教学为目的的课堂观摩与传统的听课形式不同，它不是去检查评估教师的教学，而是去了解与教学相关的信息，通过相互观摩课堂教学，同时记下所观察到的情境，发现的问题等，然后彼此客观地交换意见，共同探索改进方法，以达到共同提高、共同发展的目的。

4. 调查问卷（surveys and questionnaires）

调查问卷是教师能很快地获取语言教与学很多方面信息的一种非常有效的手段。通过调查问卷教师可以了解学生信念、态度、动机、策略等情感方面的信息。调查问卷有多种形式，如：学习目的和目标调查问卷（问卷可供学生选择语言领域，用于帮助学生明确学习目的和目标）、学习策略调查问卷（问卷设计一系列的学习策略，供学生了解、选择、试用，以提高他们的学习策略意识和使用有效策略的能力）。调查问卷还可以针对教学中某一具体问题，如学生对小组活动（group work）所持的态度；问卷应面向全班学生，了解他们对小组活动的有用性、他们从中的收获、他们认为小组活动最适宜于语言学习的内容等方面。但需要指出的是，调查问卷主要涉及内心过程或反应，其信度和效度不容易把握，因此，教师在使用调查问卷作为反思教学的手段时，应掌握好调查问卷的取样、实施前的试用、问题的设计和切题等技巧。

5. 录音录像（audio and video recordings）

利用现代化技术进行教学调查研究，是非常有效的反思教学方法。语言教学是教师独立地、自觉地从事教学和管理自己的实践活动的过程，观看和分析自己或同事的课堂教学录像，是教师自我发展的手段之一。观看课堂教学录像，能详尽反馈课堂教学整个过程，触发教师反思性思考，总结教学行为的成功与不足，也可以从同行的教学录像中得到一些积极的启示和灵感，反思自己教学中存在的问题，探索改进的方法。与其他反思方法相比，录音录像具有明显优势，通过观看录像，教师对自己的课堂教学行为能有更直观的了解，因为教师可以选择观察重点，重点可以是教师，或某一组特定的学生，也可以把注意力集中在课堂教学的某一方面，或围绕某一方面问题进行反思。譬如，教师可以反思自己的课堂用语情况，分析课堂用语在词汇选择、语句结构、节奏、语调、语气方面是否合适，如存在问题，应如何改进。当然，在使用录音录像手段进行教学反思时，也应注意录音录像时可能带来的不便操作等局限性。

6. 教学行动研究（action research）

行动研究被视为是教师专业发展的最有效的途径之一。所谓的行动研究，就是教师将自己的语言教学作为研究对象，通过计划、评价、反馈、检查、调整等方法，对自己的语言教学实践进行研究的过程，其目的是提高教师对教学的认识，以改进自己的教学实践行为。行动研究具有如下几个特点：研究的对象主要是教师自己或学生；研究的内容主要是教师自己的教学实践过程中遇到的问题，且一般都是比较具体的问题；教师就是研究的设计者、实施者和评估者；研究方法主要属于内省/反思和准实验法。行动研究主要包括四个循环往复的特定程序：计划（planning）—实施（action）—观察（observation）—反思（reflection）。具体来说，就是教师发现自己教学中的问题，然后设想一个解决的办法，并在教学中实施这个办法，在调查并收集实际效果的数据的基础上进行评估，在评估的基础上发现新的问题，再准备下一个问题的研究。

总之，反思性教学是改进外语教学、促进教师专业发展的有效途径。"教师的发展意味着变革，而卓有成效的变革没有反思是相当困难的"。通过对教学的反思，教师可以调整、优化其教学行为，以更好地组织实施课堂教学，指导学生学习，最后达到预期的教学效果。而学生则通过观察教师教学行为的改变获得更好的学习体验，意识到自己学习活动的全过程，进而积极自觉地制定明确的学习计划，选择有效的学习策略，提高自己的目的语言水平和能力。另外，教师的成长过程实际上也是不断反思自己的教学、重构自己对语言教学理论与实践基本看法的过程。让教师真正意识到并切身体验到反思对其专业发展的意义，对于促进教师自觉进行反思、养成良好的反思习惯具有重要意义。

第二节 基于差异性教学的英语教学模式改革创新

一、差异性教学的理论分析

（一）差异性教学理论根据

差异性教学是指在班集体教学中，立足学生的个体差异，满足学生个别学习的需要，以促进每个学生在原有基础上得到充分发展的教学。这一教育教学观念的形成源于一些比较成熟的教育理论，主要是以下三种：

1. 多元智能

每种智能在个体身上表现形式和发展形势各不相同，如在每个个体身上有八种潜能，有的人只有某一种或某几种比较突出，但其他方面缺乏，这是个体间的差异。再者每个个体内部也是有差异的，即某个人各种智能发展的不平衡。源于这样的理论，任何学生都或多或少拥有多元智能，教师应转变传统的教学方式，注重个体能力倾向的差异，正视"尺有所短，寸有所长"的客观事实，组织开展多方面发展能力和特长的教学活动，让所有学生得到最大限度的发展。

2. 可接受性

差异教学法符合教学的可接受原则。可接受原则要求教学的安排符合学生的实践学习的可能性，使他们在智力上、体力上、精神上都不会感到负担过重。教给学生的知识，必须是青年人的年龄和心理力量的许可，一切事情的安排都适合学生的能力。差异性教学把学生是否接受教育作为理想教学效果的必备条件，主要考虑从学生的个性特点出发，给予恰当、适时的帮助，使不同程度的学生都能学有所得。

3. 因材施教

因材施教是公认的优秀教学原则之一，它贯穿于我国古代教育史。教师如不能因材施教，不顾学生的内心要求，就不能使学生的智力、才能得到充分发展，反而误人子弟。可见，以学生发展存在的差异性为前提进行教育教学的思想不仅是我国古代，即使今天也是教育教学必须遵循的一条重要原则。

这三种理论集中体现了以人为本的教学思想，强调要立足于学生的个体差异，采用多种形式的教学内容、教学过程和教学成果来满足学生不同的需要、学习风格或兴趣等，给每个学生提供适合他们自身的发展方式，促进他们最大限度地发展。这样既培养了全面发展的人才，同时也实现了素质教育的终极目标。

（二）英语差异性教学意义

1. 有利于克服传统英语教学的弊端

传统英语教学中，片面追求升学率、不顾学生的个体差异和个体能力发展的应试升学教育，不但给学生带来严重的负担，而且教学的短期性不断地显现，各种弊端不断地显露出来。比如，只注重知识传授，而轻视能力培养。课堂教学始终以教师为中心，教师采用注入式的教学方法把众多知识点塞给学生，不顾学生的个体差异和学生学习的积极性、主动性的培养，因而不利于学生能力的培养与发展。再如，教师知识更新的速度缓慢，跟不上时代的脚步，面对瞬息变幻的崭新时期，教师的信息量满足不了学生发展的需要，更无从谈新的教育教学理念在英语课堂上的实施。传统英语教学的弊端是教师习惯采用一成不变的讲授法，实施"一言堂"，出现教学方法枯燥、教学评价单一的现象，致使学生渐渐习惯了被动地接受知识的教学方法，他们对英语课堂学习失去了兴趣，创造性思维能力和学习的主动意识也慢慢消失，也就无从谈起英语学习能力的提高。长此以往，考试和应试就成了英语教学的首要任务，而忽视了学生的实践能力和创新素质的发展。

2. 有利于促进教学方式的转变

（1）关注个性，挖掘闪光点。每个学生都是一个独立的个体，都有自己特有的优势和劣势，教师在课堂上要能够根据学生身上的个体差异，采用更有针对性的授课方式、活动方式、评价方式，努力挖掘学生身上的闪光点，最大限度地调动学生学习的积极性、主动性，使学生身上的潜能最大限度地发挥出来。

（2）激发情感，促进教学。语言是人与人交流感情与传输信息的中介，语言具有认知性、实效性和情感性功能。恰当、合理地使用语言有助于沟通情感、增进友谊和相互尊重、改善人际关系。因而，语言教学活动必须是富有情感的，情感介入教学活动是英语教学模式的进步和必然性。研究显示，影响英语学习成败的因素是复杂而多面的，但情感因素影响最大，且贯穿于整个英语学习过程的始终，英语教学把情感态度作为课程目标之一是理所应当的，它符合新的教育理念，具有重大的意义。

（3）明确任务，有效教学。任务教学法反映了英语教学目标与功能的转变，体现了英语教学从关注教法改为关注学法，从以教师为中心转为以学生为中心，从注重语言本身转到注重语言习得与运用，任务教学法既可以应用于精读、泛读、听力、口语等多种课型，也可以应用于各种综合语言技能，使听、说、读、写能力得到全面提高。丰富多彩的任务活动不仅给学生以新鲜的感受，激发学习动机，而且体现了以学生为中心的教学思想。可以说，任务教学法在学生的母语和目的语之间架起了一座桥梁，为学生提供了发展个性的机会，能开掘不同学生运用语言的潜力，激发他们创造性运用语言的活力。

（4）突出过程，重视能力。在英语教学过程中，结合学生所要掌握和熟悉的知识，设计各种活动项目，让学生积极参与进来，并能亲自体验各种交际场景需要的语言环境及思维习惯。学生在完成一系列学习任务中，综合运用所学知识，通过发现、认识、总结、创造实现知识的认知和运用的升华，这正是大脑的认知规律（pattern-seeking）。活动给予学生充分的自主性权，让他们能够自由选择、自由发展。在教学实践中，不断地设计活动并指导学生保质保量地完成这些活动，使学生所学知识得到反复操练，实现有效培养学生综合运用英语进行交流的能力，营造交流氛围，扩大语言输入量，而且能够有计划地培养学生的能动性和创造性，从而促进综合素质的提高。

3. 有利于顺应新型英语教学的理念

（1）以人为本，突出个体的发展性。虽然学生个体存在着差异，但是每个学生都具有不同的发展潜能和需要。英语差异性教学的首要定位就是以人为本，在教学过程中注意培养学生的学习兴趣，激发学生的学习动机，养成良好的学习英语的习惯。同时，在英语课堂教学中培养学生的参与意识，给每个学生充分展示个性的机会，最大限度地鼓励、尊重学生的个性优点，真正开发每一个学生的主体作用，为了学生的终身学习打下坚实的基础。

（2）强化能力、注重学科的应用性。英语差异性教学的目标就是实现学生对学科语言的交际功能和应用功能的掌握。基础教育阶段英语课程的核心目标是培养学生综合运用语言的能力，这种能力的形成建立在语言技能、情感态度、学习策略以及文化意识等素质整体发展的基础之上。

（3）面向未来，培养高素质人才。21世纪的竞争就是人才的竞争，世界各国都认识到，实施外语课程改革，提高学生的外语学习能力是培养能参与国际竞争能力的重要措施。面对新世纪的挑战，英语人才的标准必须是：使每一个学生都具有扎实的基本功，宽广的知识，较强的专业能力，一定的专业知识和较高的素质。也就是说，每一位教师都要善于启发学生主动参与学习，培养不同学生的个性特长，让每一个学生都能品尝到成功的喜悦，使之成为新世纪高素质的人才。

在英语教学过程中，我们提倡积极、乐观、平等的学生观，英语课堂教学中不存在差生，每个学生都是各具智能特点的人才，差异性教学理论从每个学生不同的智能结构出发选择相适应的教学内容、方式和方法，因此每个学生在英语学习过程中都成了学习的主人，把自己的语音、词汇等不同方面的优势展示出来，推动英语学习的进展。

二、差异性英语教学策略

（一）构建开放性、个性化教学模式

在实施英语课标的过程中，只有教师真正做到了张扬自己的个性，形成自己独具魅力的教学风格，并努力为学生的个性化学习服务，才能全面提高学生的英语学科素养，以适应未来学习、工作的需要。

1. 强调英语教学的开放性

英语开放性教学是一种建立在改革基础之上的多方位、多角度、多手段，主动学习的教学模式，如何在英语教学实践中促进学生的语言技能、语言知识、情感态度、学习策略和文化意识等素养的综合发展，形成学生对英语语言的综合运用能力等系列的问题，是值得我们探讨与摸索的问题。

首先，挖掘教材，创造性地使用教材。

作为英语教师，应该认真研读教材，把握教材的精髓和实质，利用教材配套的录音带、光盘、各种挂图、幻灯片等一系列的资料，根据学生的实际需要创造性地使用教材，灵活处理教材内容，适当增大知识量，以满足不同层次学生的需要，这样也使教学更带有教师的个性化魅力，呈现出英语教学风格的丰富性和多样化。

其次，注重学生主体地位，培养探究性学习方式。

课堂上，让学生尽量展示自己的个性特长，通过生动、活泼的英语对话、歌曲、辩论、现场采访等方式，让学生积极参与到课堂教学的活动中来，通过活动发展学生的创造性思维能力，从而提高他们学习英语的积极性，使他们能够不断地在学习过程中积累经验，团结协作，共同获得成功，成为独立的、终生的学习者。

最后，鼓励大胆质疑，增强问题意识。

中国有句古话：学贵有疑。在英语教学过程中，增强学生的问题意识，可以改变学生总是迷信权威和安于现状的学习习惯和学习态度，从而突破思维定势，发展创造性思维，探索造就终身发展的能力。

2. 强调英语课堂的个性化

素质教育承认学生的个性差异和品质差异，更尊重学生在英语教学过程中表现出来的差异。教师也以学生的差异作为构建个性化教学的依据，提倡自主、探究、合作的教学方式。使基础较好、素质较高的学生有独立思考、发散思维的空间，同时，使基础较差、素质较低的学生也能有反馈机会，有补偿的余地。总之，使不同层次的学生都在原有的基础上有所提高，使每一个学生在他天赋允许的范围内充分发展，并由此获得成功的体验和自信。这就要求教师要做到：

（1）教师要有独特的人格魅力和鲜明的个性，并使之融入英语课堂教学中。

（2）教师要充分了解学生的个性倾向及其个性特长，尊重其人格，承认他们的兴趣和个性的多样性以及自身素质的差异，有针对性地对学生进行指导。

（3）坚持英语课堂"以人为本"的原则。英语课堂是师生之间、学生之间不断进行语言交流、文化交际和信息传递的过程，英语教师要营造一种浓厚的人文气息，使学生真正走进英语，领悟语言，互相交流，而不是把英语单纯地作为一种知识来学习，利用 free talk，conversation，English corner，games 等途径让学生在英语氛围中愉快感知，获得能力，这有利于学生非智力因素的发展，有利于学生的特长培养，有利于教学效果的提高。

（4）在教法上，教师的"教"要适应学生的"学"，适应学生的个体差异。

（二）立足个体差异性

根据学生不同的潜能和需要，实行与各层次学生的学习能动性相适应的、着眼于促进学生在各自原有的基础上不断提高的策略，既是尊重学生个性差异，又是把学生间的差异潜能和需要作为教育资源进行开发和利用的过程。因此，在教学实践中应承认差异，分层教学，因材施教。

（三）构建平等、和谐的教学环境

英语课堂是语言习得实践的课堂，也是培养学生创新精神、创新能力的主阵地，在英语课堂上师生之间的情感交流，学生与学生之间的模拟对话，小组的话题表演，单独性的抽查等，都蕴含着丰富的创新教育因素，作为英语教师必须努力营造有利于学生创新精神和创新能力发展的课堂教学氛围，使学生在紧凑频繁的教学活动中，体验英语语言的魅力，聚精会神地投入到每一步骤，使英语课堂真正成为民主、愉快、和谐的课堂。

1. 教师应放下权威，转变角色

教师完全开放自己，思考性地倾听与交流。教师在英语课堂教学情境中谦逊、平等地与学生交流，其中包括倾听、自我反省、自我更新，避免教师以自我为中心的自我理解，教师从深层真切感受每个学生独特的个性，理解学生，尊重差异。

首先，教师应做好任务分配角色。课前，教师把一节具体的课设计成不同的问题交给不同的学生去处理、解决。

其次，教师应做好评论家的角色，既要让学生容易看到成就，体验成功，激发他们的学习积极性，又要让学生感到自我的不足，激发他们自我完善欲望。

最后，教师应该充当帮助者的角色，虽然英语课堂的主体是学生，但是并不是课堂教学的每个环节都交给学生，教师要密切关注课堂活动的进展情况，给予适时的指导、帮助和调整，使整个英语课堂活而不乱，内容充实而紧凑。

2. 教师应交流情感，以情优教

教育心理学的研究成果和一些优秀教师的经验都表明，鼓励是十分有效的教育手段，也是建立和谐、民主的课堂的润滑剂。英语课的交际性和实践性的特点要求英语课堂必须创设一种民主、平等和谐的氛围，因为需要大量的口头操练、单独发言和集体讨论。

3. 教师应着眼群体，注重合作

（1）从英语学科的交际特征和活动特点来看。合作学习包含以下五大要素：

①积极地相互依赖（Positive Interdependence）；②面对面地激励互动（Face-to-face Promotive Interaction）；③成员的个人责任（Individual Accountability or Personal Responsibility）；④人际交往与小组技巧（Individual and Small Group Skill）；⑤团体历程（Group Processing）。

从这五个要素来看，合作学习使得小组成员在共同努力完成小组预期学习目标的过程中相互依赖和相互帮助，并带着对自己和其他组员的责任感激励互动，在个人学习成效得以提高的基础上达到团体目标。在合作学习过程中，小组成员有机会相互解释所学东西，有机会通过过程帮助相互理解和完成学习任务，进行有效地沟通，对培养学生与他人合作的能力大有益处。

（2）英语教学中的合作学习。主要包括以下五个阶段：参与、探讨、转化、呈现和反思。

①参与阶段。教师结合班级同学布置合作学习的活动，不仅包括活动的内容，而且要使学习者产生一种学习的责任感。

②探讨阶段。强调学生要对概念和信息进行加工，教师首先决定给学生多少信息输入，而将哪些信息留给学生自己去发现并通过鼓励学生完成合作学习的活动。

③知识的转化阶段。合作学习中的学生通过组织、阐明、精加工和综合分析学习概念来重新组合知识，这个阶段的学习需要全组学生的参与，教师应注意避免由全组语言能力最强的学生来独自承担阐述的精加工的工作，因为这样剥夺了其他成员学习的机会。

④知识的呈现阶段。教师应结合学生提供各组发言的机会，然后集思广益将各个小组的学习情况进行汇总，总结出更大成果。这一阶段的学习必须注意的是小组的发言必须是真实的，其他同学和老师应给他们提出反馈。

⑤反思阶段。学生分析他们所学的知识，反思合作学习过程中的优势和缺点，并提出进一步改进的建设性的意见。

（3）在英语教学实践中。合作学习具体包括以下内容：

首先，合作学习要求各个小组的学生在合作中互相学习，取长补短，共同提高，他们必须朝着小组的共同目标而奋斗努力，而要达到这个目标，小组中的每个成员都要进行有效的独立学习。

其次，合作学习要求教师采用合理的教学组织策略。第一，教师要帮助学生建立起合作学习小组，通常是将班内学生按其平时的学习成绩从高到低排列，然后将好、中、差学生组合建立成四人学习小组，让每一个小组成员都担当特定的角色，并定期轮换或自愿组成小组；第二，教师要改变学生座位的排列方式，使之有利于小组成员的合作交流；第三，确定对合作小组的评价机制，对小组合作学习的结果，采取个人评价和集体评价相结合的奖励机制。

4. 合作学习在英语课堂教学中的应用。

（1）在小组合作中，教师要引导学生主动参与教学活动。

（2）在合作学习中，教师要创设能够激发学生学习兴趣的较为真实的语言情境。

（3）在合作学习中，教师要多设计一些具有启发性的、能开拓学生思维的问题，并鼓励学生多提问。

教师要注意多设计一些能开拓学生思维的、能激发学生探究愿望的、具有启发性的问题，提高学生分析问题和解决问题的能力。同时，教师要注意尽量面向全体学生，做到难易结合，使每个人都有参与的机会，并教会各小组对所学课文进行快速提问，对教材中的一些问题敢于质疑等。

第三节 基于后方法时代观教学的英语教学模式改革创新

一、后方法时代观教学的观点分析

（一）外语教学"后方法时代观"兴起背景

20世纪是英语作为第二语言和外语的教学得到全球性发展的世纪，两次世界大战和世界经济文化相互渗透和影响，为语言教学的理论、方法和实践创造了前所未有的发展机遇和条件。回顾20世纪的外语教学发展可以发现，回荡在这一百年间的一个主旋律就是"方法的兴亡"。语言教学界热衷于寻找灵丹妙药式（panacea）的教学方法，或者是一直试图寻找到一种最佳的教学方法或路子，以期一劳永逸地解决长期困扰外语教学界的问题，一时各种各样的"新方法"或"新路子"纷纷涌现，层出不穷，从而出现了外语教学方法流派林立、诸说各异的景象。

尽管语言教学的新方法或新路子不断出现，此消彼长，且在外语教学尤其是教师培训中，方法或路子仍有用武之地，但耐人寻味的是，人们研究探索教学方法的高涨热情并没有收到令人满意的效果，这些"新法"并未带来人们所希冀的神奇效果，外语学习的效率也没有明显提高。因此，到了20世纪90年代末，"由于对语言教学的基本观点缺乏一致的理解而产生混乱的结果，语言研究者倾向于不再研究教学法"，主流的语言教学已不再把"方法"视为决定语言教学成败的主要因素。语言教学中的"方法运动，即寻求最好方法，已经完全成为过去"，语言教学已进入了"后方法时代"。

总之，外语教学的"后方法时代观"促使人们对所谓外语教学存在"最佳的方法"产生了质疑，也促使人们对以往的语言教学观、学习观进行不断反思，而不是在教学中盲目信奉各种层出不穷的新方法或路子。

(二) 外语教学"后方法时代观"形成的观点

外语教学"后方法时代"观的形成主要源自于人们对 20 世纪外语教学法发展历程给外语教学带来的实际效果的反思，以及对教学方法和路子所提倡的教学原则的批评。

教师在教学法中的地位和作用方面。尽管教学法和路子允许在具体的教学实践上可有不同的阐释，但这些方法和路子却对教学持一种静态观（static view of teaching），以预先制定和设计好的一套原则和具体的教学程序，规定了教师应该教什么，如何去教。教师和学习者的角色、教与学的活动类型和过程也都有明确的规定。好的语言教学被视为是使用该方法及其规定的教学原则和教学技巧。于是，教师只得接受支撑某一方法的理论或教学主张，并往机械地应用到他们的教学实践中。结果是教师被"边缘化"了，其作用只是正确掌握该方法的教学原则，并按事先确定的（predetermined）教学程序进行教学；他们能发挥其个人创新性或教学风格的空间很小，而只能屈从于方法本身。针对这种普遍现象，在"后方法时代"，语言教师应该有机会设计出自己的一个系统的、连贯的和相关的"对各种教学法的替换方法"（all alternative to methods）而不是"一个可供选择的方法"（an alternative method）。而且，为了能够实现有效地进行课堂教学的目的，应该鼓励教师建立他们自己的适合其特定情境的（situation-specific）和以学生需要为基础的（needs-based）课堂教学技巧。

对教学法和路子的批评的第二个焦点主要针对实施教学的语境（context）上，这一点也是众多持"后方法时代"观的人对以往包括现在流行的教学法批评较多的地方。以往的教学法和路子都是以一种能解决世界任何地方、任何情境的各种教学问题来推广的。于是，为了应用这些教学法和路子，教师有时便忽视语言教学的出发点，即对进行语言教与学的具体语境进行认真思考，这些语境包括文化环境、当地的教育环境，以及教师和学生所处的课堂等环境。

持"后方法时代"观的人们还认为，众多的教学法和路子的教学原则和方法程序只是适合初期和开始阶段的语言教学，并不适合中高级层次的学习者，而且，其教学方法和程序缺少变化性。

尽管也有不少学者把"后方法时代"的这种语言教学观视为只是"交际法以及根据交际教学理论和原则衍生而来的各种教学法的综合物"，或者只是"重新解释条件的一种教学法"而已，但它对外语教学法所持的批判立场，以及倡导语言教师应超越教学法的束缚的观点主张对我们具有重要的启迪意义。

二、后方法时代观教学的教学启示

(一) 对我国外语教学理论的反思

在语言教学理论对语言教学实践的影响越来越显著的今天，如何厘清层出不穷的教学方法或路子，形成符合语言本质、学习机制及我国实际的外语教学观，选择适合我国各种层次英语学习者的教学方法或路子是每一个外语教师应深思的问题。我国的英语教学在历史上特别是近二十年来也受到各种各的教学方法和路子的深刻影响，加上有些建立在个人经验探索基础上并在一定程度上适合某些群体学生的教学法，以及没有多少理论依据，纯粹为商业目的而推广的一些所谓的"神奇或疯狂学习法",名目繁多,层出不穷,使广大语言教师及学生眼花缭乱,无所适从,并随意盲从。我们的教学总是避免不了对所谓的"先进或现代的"外语教学方法的盲从,总企望有一种方法能在短时间内解决所有问题,一夜间就能学好外语或提高外语教学的质量。譬如,昨日"交际法"盛行,便视"交际法"为尊,今日"任务型语言教学"新颖,便在课程标准里就规定应采用"任务型语言教学"的教学原则。这种盲目随从的状况与我们没有理性的语言教学方法观有关,因此,我们应该对我们的外语教学方法观做理性的反思。

(二) 英语课程改革必须认真思考的几个问题

第一,就是应该如何看待我国传统的外语教学方法。我国的英语教学和中国学生学习英语的方法策略一直以来是众多外籍专家或学者议论的重要话题。从总体上说,他们的评论是贬多褒少,有的甚至持否定的态度,认为中国的外语教学方法传统守旧,跟不上时代的发展,有碍于英语水平的提高,特别是不利于交际能力的培养。

学习应该在语境中来进行解释,中国学生并不适合西方的学习理论,因为这些理论把西方的文化概念强加在了对中国学生学习过程的理解上。中国学生常使用的一些传统的词汇学习策略如符合其学习方式是能够给他们带来成功的。因此,我们应对我国社会文化、传统教育理念、教学环境等因素对外语教学的影响进行深入科学实证的研究,在全面总结我国外语教学和学生学习成功经验的基础上,在积极深入研究国外推崇盛行的教学方法和路子的基础上,汲取并运用其中有效并符合我国教学实际的教学原则和具体的教学策略,建立起符合我国国情的外语教学理论和方法。

对中国学生或老师倡导的背诵这种学习方法有着深厚的实践依据、理论依据和理论价值。语言知识在长期记忆中的储存有两种:一是以规则为基础的分析性体系(rule-based analytic system);二是以记忆为基础的套语体系(memory-based formulaic system)。前者在记忆中所占空间小,灵活性强;但在时间紧迫的即时交际中,临场运用规则造句需要较多时间和注意力,所以难以做到准确、流利、地道。后一体系中则包含了大量的形式化语言(formulaic language),所以能够在有限交际时间的压力下快速从记忆中提取出来,并能够做到准确、流利、地道。语言学习是一个逐步积累的范例的过程。流利运用语言的基础就是凭借储存在记忆中的大量言语范例。而语法学习则是为了要掌握成千上万的结构,并在此基础上抽象出以频率为导向的语言规律。

上述的理论是背诵的理论依据,因为背诵实际上是与目的语言范例和规则有着直接的关系。这主要体现在两个方面。一方面,学习者可以通过背诵积累目的语言范例,使表达格外地流利。因为从记忆中直接提取出的形式化语言可以为学习者节省时间和注意力,根据规则对语言进行临场建构,来表达自己的思想。另一方面,学习者可以对背诵的范例进行分析,掌握结构,并由此抽象出语言规律。语言学习中常讲的"语感"也正是人们对语言现象的"概率形式"的把握,即对"概括性大小不一的语言规律"的掌握。它是在学习者接触大量语言素材(包括语言形式及其使用语境之间的联系)的过程中发展起来的。由于背诵不同于一般的大致记忆,它强调对细节的准确记忆,所以由此获得的语言范例地道而准确。因此,在此基础上概括出的语言规律也就比较准确。同时,对篇章的背诵使学习者把语言形式与其使用的语言环境结合起来储存于大脑中,这就为今后准确运用目的语言提供了语境参照，避免了造出合乎语法却有语用错误的句子。当然，背诵不等于死记硬背，背诵在理解的基础上进行才更有效。

由此可见，对我国传统的外语教学方法我们不应因其不同于西方文化所认同的语言学习规律就否认其价值和作用，我们应加以深入研究，在实证研究的基础上科学地进行总结，以便使其能在教学实践中更为有效的得到运用和发展。

第二，在采纳运用任何一种"先进"或"现代"的外语教学理论和方法之前，我们应该对影响外语学习的重要因素—学习者因素—作全面的研究了解，即对我国各年龄层次学生的外语学习动机、学习观念、学习方式、学习策略、学习者个人在认知、情感和心理因素方面的差异等变量进行科学的实证研究。学习者是外语教学活动的主体，只有掌握他们的个体差异，弄清影响他们学习成败的因素的基础，才能有效设计和实施教学策略，并在实践中发展这些策略，形成符合我国各层次学习者特点的教学模式和方法。

为改进我国的外语教学，我们应对中国外语学习者的认知心理过程进行研究，尤其是要对中国学生在接受和产生外语时的认知系统（包括注意、记忆、知识系统、大脑控制系统、自动化过程）是如何运作的开展实验性研究，然后在研究的基础上提出中国学习者的外语习得的模型。中国学习者在学英语的时候已经有了一个汉语系统，汉语系统怎样影响学生的英语系统的习得是这个模型应该回答的。中国学生的中介语（包括他们使用外语时的言语失误）更是他们语言发展的重要标志，而且，不同的发展阶段有不同的中介语特征，因此，我们的教材建设和课堂教学应该有的放矢。在我国的外语教学中，我们往往通过教学大纲的制定来提出一些关于英语语言知识和语言能力的教学指标，可以说是面向目标的。这当然无可厚非，但是过程更为重要，不了解过程，就无法驾驭目标。譬如，中国学生在英语学习过程中拼写错误很多，如果教师不了解拼写错误的产生原因和过程，就难以有针对性地帮助学生避免出错。

在对中国学生的学习者因素和学生的学习心理过程进行深入研究的同时，我们更要注重学生自主学习能力或学习自主性的培养。学习者自主性包括学术自主性（academic autonomy）和社会自主性（social autonomy），前者属于内心的行为，它与学习有关，只有学习者对自己的学习负责，学习的自主性才能形成，而这要求学习者掌握能用来成功地进行语言学习的认知、元认知、情感、学习策略以及学习方式的技能；后者则是人与人之间的（interpersonal）行为，它指的是学习者作为课堂集体中的一员与其他成员能有效进行合作和学习的能力和意愿。许多研究表明，成功的话言学习者有极强的学习自主性，他们能够独立自主地监控和评估自己的学习过程，能将学习过程的管理策略与语言学习策略有机地结合起来。因此，任何一种外语教学法的成功实施和运用都离不开对学习者因素和学习者心理学习过程的深入了解以及学习者自主学习能力的培养。

第三，在语言教学实践中，我们更不应该忽视教师的因素。教师的认知（teacher cognition），即教师的语言教学观和学习观、教师的知识结构、课堂教学决策对其教学实践的影响以及他们对语言教与学的观念如何等因素也需要进行深入全面的研究。语言教学是一种高度的个人或个体活动，教师的教学总是在受他们的经验、对语言教学的理解、所持的原则和信念构成的"内在教学理论"（implicit theories of teaching）的支配下进行的。对教师认知因素的研究对语言教学的重要性和影响力是不言而喻的。但在我国长期以来的外语教学研究中，我们往往注重对新颖语言教学方法的探索追随，不注重对教师认知因素的研究。对教师的研究也往往只强调其目的语言能力和水平的提高，认为语言能力和语言水平的提高就能自然转化为语言教学能力的提高，其实不然，"懂外语"并不等于就能"教外语"。因此，探索外语教学理论和方法观的过程中，我们亟须大力开展对我国教师因素的深入研究。

此外，在外语教师的培养中，我们必须超越传统的只注重语言知识灌输和教学技能培训的方式，要把语言教师发展和教师研究能力的培养结合起来，建构终身学习的教师教育体系，促使他们能成为批判反思型的教师，并最终能成为一位自主性的个体。教师的自主性要求他们具有足够的能力和自信心来构建并实施符合他们所处教育环境特定性和社会文化条件可接受性的实践理论，而这只有通过教师不断的自我发展来实现。简言之，成功的语言教学应给教师充分的自主空间，发挥教师的主动性和创造性，使他们成为语言教学理论和方法批判性的接受者、教学实践的研究者和语言教学理论的创新者。

总之，我国的英语教育在教学理论研究和方法实践上已进入了蓬勃发展的时期，各种层出不穷的外语教学理论和方法对我们教学的影响日益显现，但"后方法时代"的语言教学观给我们的启示是：对任何一种流行的教学理论和其所倡导的教学方法我们不应奉若神明，照搬照抄，盲目随从。我们应该对这些理论和方法进行分析和甄别，在科学地总结我国外语教学成功的实践经验上，认真研究我们的社会文化教育语境和中国学生和教师因素；在发挥他们自主性的基础上，博采众长，最终建立起真正符合我国国情的行之有效的外语教学理论、方法和实践观。只有如此，改革目标才能实现，我国基础英语教育的质量才能从根本上得到提高，并走上良性的发展道路。

第五章 大学英语教学思维创新

第一节 英语教学思维创新的理论基础

一、高校英语教学思维创新的混沌理论

（一）混沌学理论的基本概念

1. 蝴蝶效应

蝴蝶效应是混沌学理论中的一个概念，它表明混沌系统对初始条件是敏感的，在初始状态一点轻微的变化，可能产生巨大的影响。它是指对初始条件敏感性的一种依赖现象。经典牛顿学说表明，只要初始条件给定，系统中的要素也就确定了，于是人们就可以确定系统的发展。而混沌现象的出现告诉人们，事物发展的结果对初始条件具有极为敏感的依赖性，也就是初始条件的细微差别，将导致结果的截然不同，即"蝴蝶效应"。

2. 分形

分形是混沌的具体表现形式。一般把其组成部分以某种方式与整体相似的形称为分形。分形具有两个普遍特征：其一它们始终是不规则的，即具有丰富的相似性；其二在不同层次上它们的不规则度却是一个常量，即分形具有不规则的比例自相似性。

3. 奇异吸引子

吸引子是系统被吸引、约束、控制，并限定物体的运动范围。其中，奇异吸引子相对于不动点吸引子和有限极限环吸引子的平衡和稳定性，它是通过诱发系统向不规则发展，使系统产生不确定性。混沌理论认为，所有的系统都遵从不可预测的扰动，混沌系统不是混乱系统，而是隐藏在无序中的有序方式。一个动态系统在空间上的运动路径或轨迹称为吸引子，简单地讲，吸引子就是用几何图形表现出的系统运动的方式，奇异吸引子指的是任何一个轨迹不会与另一个轨迹重合或相交，它产生的是一种整体类型，局部细节如何表现是无法做出预测的。奇异吸引子使"系统偏离收敛性吸引子的区域而导向不同的形态，它通过诱发系统的活力，使其变为非预设模式，从而创造了不可预测性"。

4. 非线性

非线性是典型的混沌运动矢量特征，是对混沌运动轨迹的描述。系统内的非线性变因是混沌产生的根本，而对于随机因素引起的非线性运动不能称之为混沌运动。即使是确定性系统，只要内部存在非线性变因，就会产生混沌运动，出现预料不到的结果。混沌学认

为事物之间并不是简单的线性关系，即不是简单的叠加关系，而是非线性的，所以很容易导致系统趋向复杂并使系统呈现出混沌状态。

（二）语言研究和教学的混沌学视角

混沌学理论的方法论适用于语言研究。混沌学理论适用于语言研究必须先满足两个先决条件：一是语言本质上是文化性的，即语言本身就是一个复杂性系统；二是语言是一个开放性系统，其发展过程是非线性的，发展方向既是确定的，又是不确定的，既是可预见的，又是随机的，具有初值敏感性和自相似性。

（三）英语学习的混沌特性分析

1. 英语学习主体的不确定性

英语学习主体从不同的源头起始，在随后的发展过程中与所处环境的各种非线性因素相互作用，在不断变幻的时空中产生随机组合，从而使英语学习主体经历的每一瞬间，都成为经由自组织而产生的涌现。这是一种典型的混沌系统的演化，自主学习者的家庭和学校环境、周围教师和同伴的影响、知识自身的吸引和变化等都会使其在每个关节点依次发生分岔，每一次分岔都成为不可逆转的过程。这构成了商务学习主体主要的基础构件，身体—心理—知识的要素都在生长过程中，它们彼此之间以及与环境之间存在着交叉循环的相互作用。加之时空中各种非线性因素的随机组合使得商务学习主体的演化方向充满了极大的不确定性和多元化发展的可能性。因此在英语学习过程中，不能让学习者都采用固定的学习模式，应因人而异，体现英语学习的不可预测性。

2. 英语学习过程的非线性

英语学习是一个"耗散系统"，具有非线性的特征。在英语学习系统中"各种因素之间都呈现非严格的成比例关系"。这些互动的关系是一种非线性的关系。关系的构成之间不存在永久平衡。自我效能感、归因认知策略、意志控制等以及环境之间的关系可能由一些细微的原因就会导致大相径庭的结果。因此，按照原定学习计划严格控制英语学习过程是不可能的，各因素之间的关系以及相互影响是未知的。这就要求学习者应根据反馈及时调整自己的学习步调，英语的教学目标和策略也应是灵活的、动态的。

3. 英语学习评价的多元性

英语学习评价是英语学习过程中不可或缺的一环。它以内外双向评价为主要特征，是对受教育者学习动机、策略和能力等进行评价及受教育者内部自我监控评价的结合。这是一个复杂、具有多元特征及不同的组合和自组织系统。我们不可能对学习者给出一个准确无误的评价尺度，但可以设法构建完善的评价指标体系，使评价指标尽可能全面、科学、恰当地反映事物本质，使评价具有更高的可靠性、公平性和科学性。非线性英语教学系统假设各要素是相互作用、相互依存的因果关系，原因和结果是不成比例的相互联系，初始条件的轻微的变动，可能会产生不成比例的大的后果。整体不是简单系统各部分的和，对整体的理解和把握，需要用人类学的有关理论，通过部分—整体—部分不断循环地即时分析。脱离整体系统分析部分意义不大，英语教学设计过程中应更多地反映学习过程中动态、不可预测的方面，将不可预测的教学事件整合到动态关系之中，增加其灵活性，而不是按部就班的流程图。

（四）混沌理论在英语教学任务设计中的应用

1. 运用吸引子理论指导学习目标的制定

英语教学系统中的目的、目标总体要求属于收敛性吸引子。学习者的各自独特个性、学习风格及学习环境等属于奇异吸引子。不同的学习者以及同一学习者处于不同的状况都会导致英语学习系统偏离收敛性吸引子的区域而导向不同。学习者的个别差异性会导致英语学习中一系列状态的差异，因此英语学习者应充分了解自身的客观条件，根据自身的需要，制订出适合自身学习步调的课时目标，学习目标是学习的出发点和归宿。在英语学习过程中对学习起着限制和制约的作用是收敛性吸引子。制定正确课时目标，可以使学生在自主学习过程中清楚自己努力的方向，提高自律能力。根据目标所规定的知识体系和限定的方向进行学习，最终顺利实现课程目标。

2. 运用"蝴蝶效应"理论指导在英语学习策略的选定

混沌系统对其初始条件异常敏感，以至于初始状态的轻微变化都能导致不成比例的巨大后果。依据混沌理论一个小误差或差异是系统向着理想状态转化的基本因素。学习策略是学习者有意识地调节学习心理的过程。依据自己的学习任务和特点制订适当的学习计划进行学习，学习者的情绪、动机及环境等大量错综复杂因素的变化呈现非线性状态，很难预测未来的学习状况或对某种既定学习状况变化做出反应。把这种事件的非线性发展模式应用在教学中，将有利于达到更好的学习效果，依据学生心理以及学习环境变化适时调整学习计划，更加符合学生的心理特征和思维特征。

3. 运用复杂性理论指导英语学习环境的创设

运用复杂性理论指导学习环境的创设复杂性表现为一种众多因素相互作用的状态。学习环境主要包括学校学习环境、家庭学习环境和社会学习环境，其中的各个独立因素都进行着多方面的相互作用。这些无穷无尽的相互作用使每个系统作为一个整体产生了自发性的自组织。要充分发挥生态自组织系统的功能，不断丰富资源环境并以其催化的手段，使环境中的各种要素具有相互适应、相互生成的关联性和整体性。每一个这样自组织的、自我调整的复杂系统都具有某种动力，但复杂性系统却具有将秩序和混沌融入某种特殊的平衡能力。它的平衡点常被称为混沌的边缘，当学习者处在混沌边缘时，其发展轨道尚未锁定，切不可以确定性知识的传授为唯一目的。应当为各种不同条件的学习者提供充分发展的可能性创设条件，对处于混沌边缘的学习者施以适当的扰动以造成涨落，使系统脱离平衡态产生有序化的发展。

4. 运用反馈理论指导英语学习评价的使用

学习评价是一个复杂、具有多元特征及不同的组合和自组织系统。在这个系统中各因素相互作用，每个因素通过正反馈和负反馈影响学习质量，而且每一个因素都不是传统意义上控制者的力量，而是拥有微妙影响的"蝴蝶力量"这种力量本身非常难以预测，因为它是一种微妙的影响力。学习评价主要有诊断性评价、形成性评价和总结性评价。诊断性评价是指在教学活动进行前，为使教学计划能够指导和调整教学进程，使教学状态及时反馈给师生所进行的评价。学期或教程开始之前的诊断性评价，主要用来确定学生的学习准备程度并对学生进行安置。教学进程中的诊断性评价则主要用来确定妨碍学生学习的原因，以便采取补救措施。形成性评价是教学设计评价活动的主要形式，是调整设计方案的主要依据。在学习者评价中形成性评价主要是通过多种角度来评判学习者的学习效率以及做人的标准,不断地反馈学生学习成功或是失败的信息。协助学习者自己调整心态和学习方法,达到教学计划的实现。形成性评价特别注重强化学生学习成功之外,同时显示学生学习过程中需要改进的地方,因此英语教学中,其评价体系中要结合多种形式,使评价方式多元化,突出阶段性目标,最终指导学生提升其自身的综合素养,完成英语人才的培养目标。

二、高校英语教学思维的变革与创新

(一)高校英语教学思维的变革

教学系统是一个弱混沌系统,也就是说教学系统是一个有限混沌系统,它具有一定宏观线性发展性和一部分可预测性,即有趋向混沌吸引子的宏观确定性有序;但它同时还具有一定的混沌性,这就意味着灵活掌握与运用混沌理论为促使教学系统优化发展提供了可能。在将混沌理论应用于教学系统的过程当中,我们应该注重思考如何建立和设置一个混沌吸引子,即建立和设置属于教学系统的奇异吸引子,触发教师教学思维产生灵感,推动教学不断地创新与发展。

1. 课堂教学中的混沌特征

(1)课堂教学中的非线性。所谓"非线性",是指事物非决定论的不可预测性、无序性、复杂性、不平衡性、多样性的存在。作为一个系统是指系统内各要素共同作用的结果,不等于各要素单独作用的累加。课堂教学就属于一种弱混沌系统,它是线性与非线性有机结合的结果。在一般的课堂教学当中,教师大多采用线性的思维方式进行教学,严格按照已有的教学体系,而没有看到教学过程的不确定性和随机性,也没有看到知识的生成特点。教师在课堂教学过程中,需要不断与学生保持互动,这种师生间的互动关系不是简单的线性关系,而是带有不确定性的非线性关系。教师不能单方面地充当知识的传递者,而是在师生互动的过程中,学习和挖掘新的知识,积极反思并改进教学的思维方式,与学生互相促进。根据混沌理论,课堂教学的过程就是一个探索未知世界的过程,而不是循规蹈矩、按部就班地按照已有的教学模式进行教学,在这个具有不确定性、随机性的过程中,教师和学生积极参与互动,在遇到新的问题时,教师应该帮助学生根据已有知识和经验进行正迁移。通过过去已有知识经验的迁移,能够加速学生对新知识的掌握。教学思维中的非线性对学生的内在认知结构以及元认知知识的影响也非常显著。

(2)课堂教学中的不确定性。任何事物都是处于一种动态的辩证发展的过程,不是恒定不变的,课堂教学也是如此,在利用确定的教学因素时,也会出现一些不确定的因素。确定性就是现有的教学条件和教学体系,不确定性就是教师的教学形式、教学思维以及学生的学习方法、认知结构等,两者共存于课堂教学中,都是不可或缺的。教师在课堂教学之前都会预先做好要教授的课程内容和教学形式,这样可以保证在有限的时间里进行高效率的教学,而在教学过程中会遇到各种不确定性因素,这就需要教师具有灵活的教学思维,当遇到不确定性因素时能够及时做出反应,教学方法和策略是确定的,但是教师和学生的思维是不确定的,教师应该在这些确定性的因素中发展不确定性以提高对不确定性事件的处理能力,比如面对思维自由的学生对新知识的诉求,教师不应局限于预先设计好的教学内容，要时刻做好帮助学生探索新知识的准备。课堂教学的不确定性促进了教学这种复杂性活动的动态发展。

（3）课堂教学中的自组织性。课堂教学的不确定性告诉我们，学生是一个具有独立思维能力的个体，每个学生在接受课程教学之前都已经带有不同的知识经验，在接受新的知识和技能时，学生会主动将过去经验进行组织，通过同化或者顺应建立与新知识的联系，这就是一个自组织的过程。

（4）课堂教学中的涌现性。涌现是指整体具备而部分不具备的特性。教学任务的顺利完成，离不开教师、学生、教学内容、教学方式等因素的结合。在课堂教学过程中，如果仅仅运用单独的一种教学因素或者将几种因素简单地进行组合，会限制教师的教学目的的实现、教学效果的提高。教学需要以学生为中心，考虑学生的认知特点和可接受性，在教师与学生的互动过程中，围绕学生开展教学。教学是一个整体的过程，而这个整体大于部分之和，它是各种教学因素的有机结合和相互协调的结果。新思维的课堂是一个动态变化的课堂。随着学校对话语域的演化发展，作为意义系统的学校教育本质也会转变，师生间的对话和理解也会进化，并超越现代传统教学思维的局限性。

2. 教学思维变革的趋向

（1）由线性教学思维转向非线性教学思维。从混沌理论的研究成果可以得出，非线性相对于线性来说，并不是一个特殊的存在。然而，实际上，世界的许多现象更多是非线性的，线性才是特殊的存在。就像在自然的真实情境下，很难找到完美的直线那样，通常存在于我们生活中的是那些不规则的、随意的线条。线性关系只是非线性关系的特殊情况。基于混沌理论的视角来审视教学系统会发现，在教学这个复杂的动态系统中，各个要素之间相互联系、相互依存，线性与非线性的关系交织在一起，促进教学系统的优化发展。运用非线性的教学思维来指导和组织课堂教学，目的在于注重学生的个体感悟和主体参与，使思维过程更具挑战性和深刻性，有利于促进学生个性和创新能力的发展。非线性思维在课堂教学中的合理运用并不意味着全盘否定线性思维方式，而是使线性思维在课堂教学中运用得更合理、更有效。因此，教师在教学过程中，要注重目标导学，注意设计科学、合理、具体的学习目标，让学生在学习目标的引领下，自主确定学习重点、难点，自主拟定学习提纲，自主选择学习方法，自主进行探究学习。

（2）由还原性教学思维转向整体性教学思维。20世纪形成的现代生物还原论，可以说还原论的教学思维方式源远流长，并且影响巨大，成为指导各门科学研究与构建科学理论的重要原则。按照这种逻辑分析的观念，只要人们把研究对象分解得越精细，人们就会越能够精准地把握它。恰恰也正因如此，人们将这种思维方式当成至尊法宝，从而贬斥与抛弃其他思维方式。在教学领域也是如此，因为忽视各教学环节之间的关联性，完整的教学过程通常被分解成若干个教学环节，导致学生不能完整掌握知识和不能充分了解知识之间的有机联系。

从混沌理论中我们可以得到这样的启示，教师的还原论教学思维要向整体性教学思维发生转向。只有这样，教师才能从整体上把握教学系统，更好地从整体的角度调度各要素之间的关系，使每个教学环节紧密联系在一起，促进教学的最优化发展，从而丰富课堂教学，使得学生的创造性思维得到充分的发挥和发展。教师不仅仅是知识的传授者，而且更是学生学习的引导者，做学生学习过程中的引路人，使学生能够发挥潜能，成为他们自己。

（3）由实体性教学思维转向生成性教学思维。实体性教学思维使得教学成为这样一种隐喻：教学变成了一种储蓄行为。学生是知识的保管人，教师是储户。教师与学生之间不是存在意义交流，而是发表公告让学生耐心地接受、记忆和重复存储材料。这样的"储蓄式"教学，让学生成为储蓄知识的容器，学生主体的能动性被忽略了。于是，教学使得学生与教师之间只有知识的存储关系才在，而没有更多的意义交流。忠于实体性教学思维的教学过程坚持以教师为中心、以书本为中心的传统教学指导思想，从而导致了学生的创新思维和实践能力得不到应该有的培养。

从混沌理论看来，社会与自然中的一切活动都是集体活动。混沌状态下，个体是整体不可分离的部分，混沌洞见了个体和整体之间奇妙矛盾关系里的内涵。由个体组成的自组织系统，包含有不同层次的复杂性。每个层次皆演化出自己的"准则"。值得注意的是，集体的强大不是因为有某个个体或精英的振臂一呼。更确切地说，组织是随机的个体活动功能产生耦合反馈作用的结果。假使自然知识相对孤立的机械部件的组合，如今透过混沌之窗，我们能够明白个体间的交互作用和自组织倾向必定植根于自然之中。混沌创造性暗示了为什么多样性如此重要。

总之，对混沌的研究改变了人们传统的教学思维，也必会引发教育的系统变革。这就要求每一位教师都应该不断转变教学思维方式、提高自身素质，从而促进教学的更加深入、更加完善的发展。

（二）高校英语教学思维的创新

1. 转变教学思维创新观念

教学思维创新需要教师转变教学观念，即教师要转变畏惧教学创新的传统观念。教学创新对教师来说是存在一定"风险"的事情，教师的"舒适地带"表明在日常的教学工作中，教师已经有一套自己熟悉的信念和与之匹配的工作策略，一旦这样的信念遭到变革和颠覆，日常工作的方向超越了这个地带，教师们心里就会感到恐慌、无所适从，因此部分教师会选择相对较为保守的教学策略。混沌理论向我们展示了创新就是超越我们之前所知，不断追求事物真理的过程。教师过去教学思维的习惯、观点、经验，会使教师的教学基本上局限于一种熟悉的环境之中，所以在某种程度上，它与负反馈环（对活动产生抑制作用的反馈）相似。当然，这种具有限制性的负反馈环对于教学保持着相对稳定与可控是不可或缺的，但是这就是教学的全部，将会变成可怕的限制。

教育改革的关键在于教师观念的改变。当教师们习惯了传统的教学方法，教育改革要求教师创新教学思维就显得相当困难，尤其那些年龄较大的教师，在教育改革面前难免有抵触情绪。教师创新教学思维，就必须要打破过去传统教学思维的桎梏，重新学习新的教学知识与方法，教师转变教育观念，就是用学生发展的思维代替以考试成绩为标准的思维，以相信学生能力的思维代替教师权威的思维，真正做到以学生为主体。当前的教育现状是教师教育观念陈旧，课堂比较沉默，学生思维不太活跃。孩子本来就有求知的天性，但应试倾向却在无形中消灭了孩子的天性，折断了他们想象的翅膀。因此，冲破应试教育的藩篱，要靠改革，还学生一个自由的心灵与开放的思维。以学生为主体，绝对不是降低老师的作用，而是提高对老师的要求。老师不能只抱着课本按部就班，而是要研究学生、启发学生、帮助学生，和学生共同学习。

2. 提升教学思维创新素质

混沌理论隐含着的思想成为教师在课堂教学里变革教学思维的新理念，成为挑战传统教学思维的推动力。新思维的课堂是一个动态变化的课堂。随着学校对话语域的演化发展，学校教育本质也会发生转变，师生间的对话和理解也会进化，并超越现代传统教学思维的局限性。在新思维课堂里，新的教学思维在涌现，新的问题推动着未来的变化发展，因而教师的角色和身份也会面临新的挑战。新思维的课堂需要的是一个设计师，帮助学生成为他们自己。

任何时代都不可能死板地重复过去的情况。知识的真正价值并不在于继承，而是在于发展与创新。教会学生学会应用知识是使教育保持活力的中心问题。教师本人要注重创新思维能力的培养。教师教学思维僵化，缺乏想象力与创新的能力，那么这样的教师就难以点燃知识，照亮学生前进的路途。因此，教师教学思维应该始终保持着活力。

第一，教学思维创新要求教师应该注意顿悟。混沌理论倡议随机性和不确定性，其实是在鼓励个人与集体行为的动态变化。一个具有丰富的、复杂化的环境可以促进能量的充足和利用。在混沌世界里，不是要控制处于不相干性、不可预测性、不可确定性，而是要鼓励他们的出现。个体的创造力、机制本身的变化依赖于多样变化而非单纯地预测与控制。因为个体的经验变化无穷，个体的思想是独特的，作为人类的我们也想有共性与关联习惯，他们也就像是混沌中的秩序一样，是不同个体自身经验的混沌中的奇异吸引子。

第二，教学思维创新要求教师应该积极反思。教师的批判反思有助于教师追求解放，有助于教师按照自己的意志开展教学实践。什么是教师可以逃避决策挑战与复杂性？如果他可以学着"提升批判意识"，他或许可以解放自己而有更好的理解与选择，他或许可以解放自己而有更好的反省行动，按着他的自由行事、试着每一天成为"他自己"。教师对教学实践的批判反思使教师能够用探究的眼光看待自己的教学，思考当中的可能从未注意到的细节，让这些细节再次产生意义。

思维的习惯、观点、经验，有时甚至是世界所谓的"真相"，使我们的生活基本上局限于一种熟悉的环境之中。教学观念中思维定式的转变就体现出创新思维的重要性，这种思维定式表明，当新的教学观念被提出时，教师虽然接受这种观念，但是依然采用原来的习惯性的教学方式进行教学，教师只是学生的引导者，学习的主动权在于学生。思维定式使我们对世界的"看法"带上某种预期的确定性，于是通常引起对现实的欺骗。教师如果一味地严格按照已有的教学方案进行教学，充当定义和概念的传递者，这样就会束缚学生创造性的发展。这些都是混沌理论对改变教学观念的启发——顿悟、打破常规和思维定式。

3. 构建教学思维创新平台

构建教学思维创新平台就是要创建一种教学自由的氛围。在这种氛围中，教师享有充分的教学自由，可以自主、自由地判断正误。教师的舆论，对教学怀有共同的热情，是教师激发教学思维，达到教师间知识共享，提高教学质量强力有效的保证。教师应该是有社会责任感的知识分子，教师之间相互鼓励、自由地决定着自己的教学活动，这样才能为教师创新教学思维提供充分的思考空间，使教师教学思维充满活力。

教师要集中集体智慧，发展超越传统的教学思维，这就要求每一位教师都时刻注意身边发生的教学细节，在教师群体中的交互反馈作用的推动下，自下而上地建构出教师主动进行教学科研为一体的教师共同体，开发教师个人和集体的教学思维，激发教学灵感，从而获得更多的教学智慧，丰富教学实践的发展。

学校为教师进行自我反思和教学思维方式的改进提供了实战平台，学校通过建立教学共同体，为教师提供充足的资源以供教师之间进行交流和反思。教学共同体，是促成教师成长的有效形式，有利于教师教学智慧共享，促进教学质量的提高。混沌理论表明，当不同的个体进行自组织的时候，他们能够创造出具有高度适应性的形式。大多数有促进作用的正式规则，如交通、健康和安全、消费者保护等，都不是事先就计划好了的，而是随系统涌现而涌现的。竞争在个体之间的交互作用方面可以是一个重要的因素。因此，学校要创造条件为教师与学生充分发挥创新精神创造条件。

第二节 多元文化思维下的英语教学

一、多元文化与高校英语教学

（一）多元文化的产生与发展

1. 多元文化的提出

多元文化概念本身是针对传统的单一文化概念而言的。以往的文化发展定式是在一定的区域、地域、社会、群体和阶层中存在的某一种单一文化。而多元文化则是指在一个区域地域、社会、群体和阶层等特定的系统中，同时存在的、相互联系且各自具有独立文化特征的多种文化。它不同于以往的文化存在方式，在空间上具有多样性，在时间上具有共时性。

2. 多元文化的发展

进入20世纪80年代以后，多元文化主义学说作为治理国家的大政方针已经在实践中得到了运用和实施。在理论上，它的倡导者纷纷引经据典，著书立说，阐述其主张的正当性和合理性，而一些持反对态度的学者却开始对多元文化主义提出质疑，一时之间，在多元文化主义的倡导者和其反对者之间展开了一场学者间的激烈争论。

信息社会的到来使得每个国家、社会集团和个人都越来越处于一种开放的状态之下，各种文化不断渗透与融合。在这种竞争与比较的格局中，每个社会与个人都在寻求新的突破，于是各民族纷纷走出自己的模式，开始接触其他民族的文化模式，各种文化相互渗透。一方面，任何一种文化都不可避免地影响着其他文化；另一方面，任何一种文化也都不同程度地吸收着其他文化从而求得自身更完善的发展。当前，世界已经成为一个巨大的信息网络，身处这个网络的人与人、地区与地区、国家与国家、文化与文化之间的关系呈现出鲜明的全球化的特点。

(二) 多元文化对英语教学的启示

1. 多元文化教育

（1）多元文化教育内涵。多元文化教育不仅仅是对不同文化的一种理解，它认识到不同文化作为彼此区别的实体而存在的权利，并了解到它们对社会的贡献。多元文化教育强调发展能够加强跨文化分析以及应用技巧，它同时也强调优先发展作为可靠性决策等的能力以及获取和实现政治权利的能力。

多元文化教育是一场精心设计的社会变革运动，其目的是改变教育的环境，以便让那些来自不同民族、性别与阶层的学生在学校获得平等受教育的权利。多元文化教育理论假设，与其让那些来自不同民族、性别与阶层群体的学生仅属于和保持本群体的文化和性别特征，莫不如让他们在教育领域获得更多的选择权，从而在社会化过程中获得成功。

（2）多元文化教育的发展。多元文化在世界范围内的不断发展对教育研究也产生了重要的影响。多元文化教育的发展走向如下。

①促进教育从一元走向多元。纵观人类文化发展历程，经过了一个由文化一元隔阂，到文化多元并存，再到文化多元互动的过程。教育因其与政治、经济、文化的密切关系，面临着新的国际境遇带来的挑战。教育应当成为和平以及国际理解的促进者；教育应当承担起培养年轻一代具有宽容、鉴赏、公平、尊重以及思考自由的品质和责任；教育不仅要宣传文化历史与传统对当代社会多种文化的重要意义，更要致力于对文化的过程性、连贯性与变化性的理解与把握，促进文化的认同。教育应当成为引导学生尊重与理解其他文化、促进人类文化平等与和谐、推动世界稳定与发展的重要手段。多元文化教育包括了为全体学习者所设计的计划、课程或活动，而这些计划、课程或活动，在教育环境中能促进尊重文化的多样性及增强理解可以确认的不同团体的文化。这种教育能够促进整合和学业成功，增进国际理解，并使其同各种排斥现象做斗争成为可能，其目的应是从理解自己人民的文化发展到鉴赏邻国人民的文化，并最终鉴赏世界性文化。

②促进教育从隔离走向理解。当今世界，人类活动范围逐渐扩大，人类社会由封闭、半封闭与隔阂的状态转变为半开放、开放与相互交往的状态，社会经济由地方性、自给自足向全球化转变。历史的进程要求过去的文化孤岛被文化多元所替代，文化的排他性被文化的包容性所替代。不同人类群体间的交流也越来越频繁、密切，文化间关系由相互疏远到相互接近，由相互孤立到相互依赖。这种世界文化格局及其所带来的文化怀乡的愁绪以及对民族文化的追思，引导人们从一个更新、更高、更远的视角去思考教育所培养的人的品格，去重新审视人类的文化与各民族文化，去建构新的世界文化图景。与此同时，文化人类学的研究成果揭示了文化差异背后人类的相似性与相通性，为各不同文化民族的相互尊重、相互沟通提供了人类学的启示。

③促进教育从封闭走向开放。多元文化教育的发展历程实际上是社会文化发展的历史脉络以及当代社会的文化间的平等交流、多样化发展的关系的反映，是一个从地区性教育行动到全球性教育行动的演变过程，是一个从文化静态取向教育到文化动态取向教育的转变过程。因此，新的世界局势要求重新审视主流文化教育的出发点与归宿，正视与改正教育中存在的局限性，满足多文化群体的文化需求，保证各种来自不同文化群体的学生能够学业成功。

2. 多元文化下英语教学的原则

(1) 文化性原则。学生学习英语不仅仅是学习单词及其语法，同时也是在学习语言文化。语言既是文化的一部分，也是文化的重要载体，因此文化教学理应成为语言教学的重要组成部分。

加强文化知识的传授，鼓励学生积极参与实践，教师在强调学生基础知识积累的同时，应该贯穿英语交际能力的培养，注意英语文化知识的传授。

(2) 交际性原则。英语学习的最终目的是使用英语，英语教学的最终目的是培养学生对英语的综合运用能力。因此，在教学过程中，教师要始终遵循交际性原则，以培养学生的交际能力为最终目的。也就是说，要培养学生能够运用所学的语言知识在不同的场合、对不同的对象进行有效得体交际的能力。

3. 多元文化对英语教学的启示

(1) 激发学生对文化差异的学习兴趣。无论学什么，只有在自己真正感兴趣的情况下，学生才会充分发挥自己的主观能动性。学习英语也是如此。因此，在传授跨文化知识时，培养学生对文化差异的学习兴趣是英语教学必须考虑的一个方面。教师只有不断地改进教学方法，增加新的教学内容，将趣味性贯穿于教学过程之中，才能调动学生的兴趣，激发学生学习的热情。

教师可以通过教学方法、教学内容的对比激发学生学习文化差异的兴趣。介绍文化背景，比较文化差异，最好的方法是透过语言看文化，通过所学的语言材料了解其中所含的民族文化语义。通过这种方法，教师可以把枯燥无味的词语解释、语法讲解等变得形象生动，使学生在活跃的气氛中不仅学到英语语言知识，还领略到英语民族文化，更重要的是能引起学生对文化差异的学习兴趣。

(2) 培养学生的跨文化意识。跨文化意识如此重要，因此教师在教学过程中必须重视对学生跨文化意识的培养。在英语教学中，教师要充分利用现代化的教学手段，介绍英语国家文化背景，让学生最大限度地接触一些英美本土文化信息。

对跨文化的敏感性主要来自两种途径：一是直接途径，也就是通过在外国文化中生活、体验的方式来获取文化信息，培养对异国文化的敏感性。这对我国国内学生来说显然不可能。因此，我国英语教师可以采用第二种途径培养学生的跨文化意识，即间接途径。间接的方法有很多，包括课堂学习、课外阅读、收听英美广播、观看一些英文图像资料等。但是英语课堂教学毕竟具有一定的局限性，因此通过课外学习活动是培养学生的跨文化意识的有效途径，教师应该鼓励并指导学生开展形式多样的课外学习活动，特别是要借助于先进的现代化教学手段，加强学生的语言听说训练，直接在英语学习中给学生导入一些英语文化背景知识。教师应该鼓励学生观看英文原版电影、录像。由英语国家本族人所演绎的英文原版电影、录像都具有浓厚的英语文化气息，因此通过观看英文原版电影、录像是提高文化差异敏感性的一种非常有效的手段。对缺少英语语言环境的我国英语学习者而言，最大的困难就是从课本里学来的英文知识通常与现实生活中的语用实际脱节，而观看英文录像不仅可以扩大词汇，增强听说能力，还能从中学到很多文化知识，在动态的电影录像情景中，通常会让他们对外国文化更容易理解，印象也更为深刻。

(3) 增强学生的跨文化感悟力。通过文化差异的比较，学生在头脑中形成一种潜在反应能力,这种能力就是通过语言这一载体对英语所反映的文化内容的综合性的理解能力,也就是我们常说的文化感悟力。

在英语教学中,教师应注重对英语国家文化背景的介绍,使学生了解英美等国家的文化,通过比较英汉文化的差异,让学生明白不同的语言以及语言背后的不同文化,学会在适当的场合用适当的英语表达自己的思想,实现培养和提高学生运用英语在跨文化语境中正确交流的能力。

增强学生的跨文化感悟力,需要教师引导学生接触理解文化差异。

教师可以在课堂中教授文化知识。教材中有不少关于英语国家的生活方式、行为规范、价值观念、历史地理、文化艺术、风土人情、传统习俗等方面的对话和课文,教师应该让学生注意这些文化知识,增加学生对英语国家文化的感悟力。外语教师还可通过指导学生开展课外活动学习西方文化知识,如带领学生多读一些英语书籍、多听一些英语广播、多看一些原版影视资料来广泛接触和逐步丰富英语文化背景知识,还可以通过指导学生开展英语角、英语晚会、专题讲座以及课外实践活动,使学生在不断接触英语文化的环境中比较中英文化的差异,培养跨文化意识,增强跨文化感悟力。学生增强了跨文化感悟力,就容易理解交际中出现的文化差异了,如一见到 black tea,头脑中立刻明白这是中国人常喝的"红茶"。

二、基于多元文化思维的英语知识教学

(一) 多元文化下的英语语音教学

1. 英语语音教学的意义

语音、词汇和语法是语言学科的基本要素,而语音是三要素之首,更是学好语言的基础,对提高语言的整体水平起着关键性作用。

(1) 帮助学生轻松地记忆单词。语音教学是英语教学的一个重要组成部分。既然有声语言是第一性的,那么,作为拼音文字的英语,其在很多方面,如某些语法现象、词汇、成语,都受着语音的影响或制约。以词汇来说,如果汉语里很多词汇可以"望文生义",英语里就有不少词汇是可以"听音生义"的。在教学中,学生抱怨最多的问题就是记不住单词。他们并没有意识到,良好的发音是有效记忆单词的方法之一。英语的拼写和发音之间有一定的内在联系,是有规律可循的。如果我们掌握了这些读音规则,则既可帮助我们正确地听与说,又可帮助我们轻松地记忆单词。

(2) 能够提高学生的听说技能。如果学生能够掌握好语音,既能增强他们学习英语的信心,又能提高他们学习英语的积极性。发音的正确与否,直接影响能否被对方听懂或正确地听懂对方。一个系统掌握了语音理论知识且会运用于实践的学生,既能在自己说英语时熟练运用英语的朗读技巧,会很自然地处理句子中的连读、不完全爆破、同化、弱化等语音现象,又能在听英语的时候对这类语音现象做出迅速的反应,并准确理解其意思。在多年的教学实践中,听学生诉说最多的就是自己的听力水平太低,且难以提高。有些学生甚至因缺乏信心,干脆放弃听力,在考试中靠运气盲目地选答案。他们没有意识到,听力上的困难有时是由于自己不正确的语音造成的。因此在稍快的语速下,学生很难一遍、两遍就听懂。如果学生能够学好英语语音,就能够比较准确流利地拼读单词和朗读课文,顺

利地听懂语音材料，自信地开口，这就会增强他们学习英语的自信心。

（3）有助于培养阅读能力。对于非英语专业的学生来说，阅读水平无疑是衡量他们英语水平的一个重要手段，也是直接影响其考试成绩的一个重要方面。阅读理解的目的无非是考查学生的语法、词汇知识等综合水平，其中包括阅读速度。文字是记录有声语言的符号，如果掌握了这些符号的正确声音形象，我们在阅读时，所看到的书面符号就能很快在头脑中转换成相应的声音形象。这个转换过程的快慢决定着我们阅读速度的快慢，尤其是有些学生看文章，有读出声或默读的习惯，如果读都有困难，更何况理解呢。

2. 英汉语音的文化差异

（1）汉英重音差异分析。汉语和英语中都存在重音现象，而且重音对英汉句子的含义都有着重要的影响。英语中通常将可以改变句子含义的重音称作"表意重音"，汉语中则将此类重音称作"语法重音"。

汉英重音的差异主要表现在重音的位置上。汉语中的重音一般都落在主语、宾语以及补语上，而英语中的重音一般落在实词上，虚词的读音一般比较轻柔，有时甚至一带而过。

（2）汉英音节差异分析。音节是组成语音序列的单位，也是语音中最小的结构单位。汉、英在音节上有着显著的差别。在汉语中，一个字就是一个音节，且汉语音节除少数的感叹词由声母单独构成，其余的字均是由声母加韵母构成的。汉语中的声母不能单独使用，必须要和韵母一起构成音节。汉语中的韵母可以分为单韵母和复韵母，此外根据其发音的不同，还可以分为前鼻音韵母和后鼻音韵母。汉语中的两个或者两个以上的韵母还可以构成二合复韵母和三合复韵母，这些韵母构成了一个整体音节。英语属拼音文字，音节可分为元音和辅音两种音素。英语中一个元音音素可构成一个音节，一个元音音素和一个或几个辅音音素结合也可以构成一个音节。汉语是方块字，一个字就是一个音节。汉语的音节也可以进行切分，分为声母、韵母和声调三个部分。

（3）汉英声调与语调差异分析。汉语为声调语言，共包含四种声调，分别为阴平、阳平、上声、去声。汉语中的每一个字都有自己的声调，而且汉语中的声调可以区别语义。不同的读音又表达不同的含义。所以，就某种程度来讲，汉语中的一字一调实际上就是一义一调。

英语为语调语言，包含三种语调：平调、降调和升调。通常情况下，英语中只有短语和句子有语调，单个单词不具有语调。也就是说，这些语调在句子和短语中才能得以体现。一般来讲，语调在英语口语中的意义更加突出，它对口语中思想以及情感的表达有着重要的作用：通过句子的语调变化就可以判断一个人的说话意图及其言外之意。而且，相同的句子因其语调的不同，表达的意思也有所不同。

（4）节奏的差异分析。英汉语的节奏表现手段不同。英语是一种以"重音计时"的语言，而汉语是以"音节计时"的语言。英、汉语音的比较还可以扩展到对不同文体的表达技巧的分析比较上。英、汉语音体系的比较会帮助师生尽快摆脱"中国式"的英语发音，这样语音就不会成为影响学生的听力理解的障碍，有利于提高交际的效率。

3. 多元文化下英语语音教学

（1）多模仿少讲解。语音教学的一个重要内容就是音标教学，而音标教学又是枯燥乏味的,如何使学生对音标学习产生兴趣,在语音教学中,模仿、训练、讲解很重要。首先,教师应该鼓励学生模仿,不要浪费时间进行解释,在多数情况下,直接的模仿就可以满足需要。在模仿有困难的时候,进行语音训练,利用一些有针对性的语音材料,进行反复操练。而斯特恩也强调模仿的重要性,语音教学应该是个连续体,即"暴露—模仿—训练—讲解"的过程。暴露是指教师向学生呈现真实的语音材料,这种真实的语音材料可能是一种没有引导说明的录音材料,也可能是一种自然的语言场景。

（2）以听为切入点,听练结合。语音教学中,听音是不可或缺的部分。听是语音教学的根本方法。先听音,后开口和听清发准,是语音教学的基本步骤。在语音学习中,要求学生模仿性听,即以模仿为主的听,学生要静静地听,同时在心中默默模仿;在听音过程还要进行辨音性听,这样可以有针对性地训练学生的辨音能力。当然,语音教学中,光听不行,还要语音操练。在听辨和模仿纯正的语音语调的基础上,反复操练。如果说听是语音学习的播种阶段的话,那么,练就是浇水、施肥、松土、除草阶段。在语音操练过程中,要使机械、单一、重复和枯燥的语音操练变得多样有趣,就需要教师发挥创造力。

（3）利用语言的迁移规律,进行语音教学。在语音教学中,要充分利用英语语音和汉语拼音间的相似之处,即汉语拼音对英语语音的正迁移,来促进语音学习;反之,利用二者的不同之处,即负迁移,来避免汉语拼音对英语语音学习的阻碍,也是学习的难点。

（二）多元文化下的英语词汇教学

1. 英语词汇教学的意义

要掌握英语必须学会一定数量的英语单词。一个学生掌握词汇量的多少和正确运用词汇的程度是衡量其语言水平的重要标志。在英语教学中学生掌握词汇数量的多少和运用词汇的熟练程度对语言交际能力的培养有着直接的影响。语音、词汇、语法三者相比较,无论从数量上,还是从意义上和用法上来讲,词汇都是最难掌握的。在英语教学过程中,学生抱怨最多的就是英语单词难读、难记、难写,记住了又容易忘记,费时费力且效果不佳。因此,加强英语词汇教学的研究,探索英语词汇教学的新方法,在英语教学中有着十分重要的意义。

2. 英语词汇教学的内容

（1）信息。词汇的信息主要指拼写、发音、词性、词缀等。

词汇的读音和拼写是词汇存在的基础,是各个词汇相互区别的第一要素。词汇一开始就有声音的形式,所以词汇教学的第一步也应该从语音开始。词汇的发音,既是语音教学的范畴,又是词汇教学的范畴,因此,讲解词汇首先应从语音入手。

另外,除了发音外,教师要注意将词汇的音与形结合起来,引导学生将词汇的音和形联系在一起进行记忆,从而形成"见形知音,因音记形"的能力。词缀也是理解词汇信息的一个重要方面。英语词缀主要有前缀和后缀两种,给单词加前缀,可以改变词汇的词义。

（2）用法。词汇的用法指各类词的不同用法,如搭配、短语、习语、语域等。词汇搭配是英语教学中的一个重要内容。在具体的语境中,一个词一般要与某些特定的词汇搭配。例如,decision 应与动词 make 或 take 搭配,而 conclusion 应与 come to 搭配。又如,permit、consider、suggest 等动词后只能接名词,不能接不定式;有些词组是固定搭配,不能混用，如 go to school、go to bed 不可说成 go to home。从语域上看，词汇有正式与非正式、褒义与贬义、抽象与具体之分。例如，children 为中性词，offspring 用于正式场合，kids 用于非正式场合。

（3）策略。根据词汇学习的特征，可将其分为调控策略、资源策略、认知策略、记忆策略和活动策略五种。

调控策略，即对整个词汇学习进行计划、实施、反思、评价和调整以及资源的使用与监控等。调控策略属于元认知策略。

资源策略，即通过接触新词帮助学生增加词汇量的技巧和方法，如利用网络、词典、广告等学习词汇。

认知策略，即为完成具体学习任务而采取的行为和方法，如猜测词义、利用上下文、记笔记等。

记忆策略，即帮助人们记忆的策略，如根据构词法、上下文和分类方式等记忆词汇。

活动策略，即通过课堂上组织活动来运用词汇，如讲故事、写信与他人沟通等。

3. 英语词汇的文化差异

词汇是语句的基本单位，任何一种语言的词汇都反映出使用这一特定语言的民族所特有的文化背景。因此，教师在英语教学中还要强调词汇文化的文化内涵。

（1）词汇形态特征对比。一般来说，语言可以根据其词汇特征分为孤立语、黏着语、屈折语和多式综合语等四种主要类型。在孤立语中每个词只含一个语素，在黏着语和屈折语中一个词通常有一个以上的语素构成，两者之间的差异在于语素之间的结合方式不同。综合语的特点是词缀丰富。语言的这种形态类型差别，对于词汇系统总的形态构成特点对比有着密切的关系。

尽管汉语中也有一些属于综合语的形态成分，但总体而言汉语比较接近孤立语。而英语的词汇形态与欧洲其他许多语言相比，也偏向于孤立型，但与汉语相比却更倾向于综合型。

（2）构词特点对比。对词的形态特征了解后进入具体的词形态词汇对比分析，简而言之即构词法的对比。

①英语词的构成。

派生，在单词前面或后面加上词缀叫派生。加在单词前的叫前缀，加在单词后的叫后缀。

合成，由两个或两个以上的词合成一个新词叫合成。

转化，由一种词类转化成另一种词类叫转化。转化后的词义与原来的词义通常有密切的关系。

②汉语词的构成。

派生，汉语的词缀也是构词成分，但它没有多大的实际意义，是附着在词根上才能起作用。汉语的词缀量少，而且一般一缀一义，十分严格。加前缀，如老王、小张、阿爸；加后缀，如记者、读者、作家等。

复合，有现代汉语的构词以词根复合法为主，至少由两个不相同的词根结合在一起。从词根与词根间的关系看，复合式可分为联合、偏正、动宾、主谓和补充等几种情况。联合型由两个意义相同相近或相反的词根并列组合而成。如途径、骨肉、好歹等。偏正型指前一词根修饰限制后一词根，如气功、雪亮等。补充型指后一词根补充说明前一词根，如立正、扩大等。动宾型即前一词根表示动作、行为，后一词根表示动作行为支配关涉的对象，如司机、动员等。最后还有主谓型，就是前一词根表示被陈述的事物，后一词根是陈述前一词根的，如心酸胆怯等。

重叠，这种构词方法是由两个相同的词根相叠构成词。汉语中没有严格意义上的形态变化，重叠可以算是一种形式变化，如汉语中大部分动词、一部分形容词可以重叠，例如，看看、干干净净等。

综上所述英语主要构词法有派生、转化和合成三种，汉语主要有派生、合成、重叠三种。英语派生可用于名词、动词、形容词等词，汉语派生只用于名词。转化法被认为是英语中的一种特别的构词法，而汉语是一种孤立语型语言，词的语法功能并不依赖于词尾变化形式，因而汉语中的许多词是兼类的，谈不上转化不转化。重叠是汉语主要的构词法之一，英语则无重叠法。

（3）词汇语义的对比。汉英词汇在意义方面也有很大的不同。词与词之间在语义上表现出来的聚合关系，使我们有可能区分出不同的词汇语义场，并对两种语言中相应的语义场进行对比。这儿要从亲属场和称呼场这两个方面简略地来解读一下英汉语词汇在意义方面的不同之处。

①亲属场。英语中的"husband""wife"是专称，说明他们已有了稳固地对偶婚姻。汉语里，把丈夫一方的亲属称为"内"或"堂"，把妻子一方的亲属称为"外"或"表"。英美人由于文化社会背景等得与中国的不同，他们强调表现自我。在我国，对祖辈人的称谓既有祖父和外祖父之分，又有祖母和外祖母之分，而英美人却无此类的区分。汉语中与父亲同辈的有"伯伯、舅舅等"，英语中一概用 uncle；与母亲同辈有"伯母、舅母等"英语中一概用 aunt。

②称呼场。对于称呼，英美文化与中国也有很多不同之处。中国是一个礼仪之邦，对人的称呼向来是用非常尊敬的语气。而英美人不仅不会用亲属称谓去称呼家族以外的人，连家族以内的人也很少用，尤其是在开放的美国，儿子会直接对父母说"Hi, Tom"或"Hello, Jane"。

（三）多元文化下的英语语法教学

1. 英语语法教学的意义

（1）语法是句子产生的机制。学习任何一种语言，学生都要不断地记忆各种语言项目，如词汇、短语、句子等，即"项目学习"。但是，一个人能够记忆的单个项目的数量是非常有限的，因为他还要花费更多的时间去学习其他的语言模式或规则，从而利用已经记忆的项目构成新的句子。这里的模式或规则就是语法。英语语法是一种为学生提供运用已知词汇和自身的创造力产生无数句子的机制。因此，英语语法教学可以为学生提供更多创造语言的机会。

（2）语法知识具有调整的功能。英语词汇只有按照一定的语法规则才能组成可以被理解的句子。对学生来说，在课堂上他们可以接触大量的语言材料，根据这些资料，他们还可以创造出很多新的句子，但受语言能力的制约，他们在表达句子时通常出现表述不清的情况，此时就应该运用语法知识进行调整，以使句子表达更加准确、清晰。

（3）语法教学有利于学生分项掌握语言的组成成分。每一种语言都有着属于自己的庞大系统，而作为语言的一个重要系统——语法，还包含着多个子系统，它是由固定数目的明确规则构成的，所以语法教学必然会减轻语言教学的工作量。在学习语法的过程中通常要将语言进行分解，组织成各自的范畴，从而明确了语言教学的各个目标。

2. 英语语法教学的内容

词法和句法是英语语法教学内容的两大方面。词法主要包括构词法和词类。构词法主要涉及词缀、词的转化、派生、合成等内容，而词类则包括静态词和动态词两种。这里的静态词主要指名词、形容词、代词、副词、数词、介词、连词、冠词、感叹词等。静态词并非绝对的静止不变，如名词有性和数格的变化，形容词有比较级和最高级的变化。动态词主要包括动词以及直接与动词相关的时态、语态、情态动词、助动词、不定式分词、动名词、虚拟语气等。句法可分为句子成分、句子分类、标点符号三个部分。英语句子的成分主要有主语、谓语、宾语、表语、定语、状语、同位语、独立成分等。从目的上考虑，句子可分为陈述句、祈使句、感叹句、疑问句。从结构上看，句子则包括简单句、复合句和并列句。与句子有关的内容还包括主句、从句、省略句等。标点符号也是句法学习的重要内容之一，此外还有词组的分类、功能、不规则动词等。

3. 英语语法的文化差异

（1）词类及其应用方面的差异。从词类方面讲，英语和汉语有不少相同的地方，如英汉语言都有名词、代词、动词、形容词、副词、介词等。但也存在不同的地方，如英语中有冠词，汉语则没有。英语单词的词形会发生变化，而汉语则不会。另外，词类的差异还反映在词的应用上，具体地说，主要体现在以下几个方面。

①动词。英汉语言最大的差异之一就是体现在对动词的运用上。汉语动词灵活多变，可单独使用，可连续使用，也可叠用，而英语则不能重叠使用。此外，英语动词受人称、时态等限制，词形也随之而发生变化。翻译时须视情况做出相应的变化。如果在一个汉语句中有两个或两个以上的动词，译成英语时，要么使用动词的非谓语形式，要么加连接词使其成为并列成分，要么使动词变成其他形式，如名词、介词短语等，有时也可省略某个动词。英译汉时则注意把这些句子变为拥有两个或两个以上动词的句子。

②名词。所谓名词就是表示事物名称的词。英汉两种语言中都有名词，这一点是相同的。但是，英语名词词形因单、复数之分而发生变化。在汉译英时，要根据上下文做出适当的增补。

③冠词。冠词就是用在名词前的限定词。英语里存在大量的冠词，而汉语却没有冠词。英语的冠词通常分为定冠词和不定冠词两种，分别用 the、a 或 an 表示。定冠词表示特指某事或某人，不定冠词表示泛指，但是定冠词有时也可用来表示泛指。有时用定冠词，有时用不定冠词，有时不用冠词。什么时候用，什么时候不用要根据上下文而定。英汉互译时须根据需要做必要的增删。

④虚词。虚词主要起辅助、联结或移情的作用。英汉这两种语言都有各自的虚词。但较之英语，汉语的虚词要多得多，如汉语有"的""吗""了""呀""而"等，英语则没有与之对应的虚词。而英语的 it 和 there 汉语里找不到对应的词。英译汉时，有时需要增

补必要的语气助词，汉译英时则把这些词略去不译。

（2）句法方面的差异。

①在句子结构方面。英汉两种语言都存在着无主句，即没有主语的句子。但是相比较而言，汉语中的无主句要比英语无主句多得多。英语的句子一般说来，结构比较完整，在把汉语的无主句译成英语时须加上主语，当然有时也可用被动结构来翻译。

②英语多被动，汉语多主动。英语中的被动句的使用频率远远高于汉语。在英语中如果不知道谁是动作的执行者，没有必要或不想指出谁是动作的执行者，强调或突出动作的承受者，一般都用被动语态。而在汉语中主动句居多。因此，英译汉时，常将英语的被动结构改为汉语的主动结构以便符合汉语的思维表达习惯。

（3）词序方面的差异。从语序方面讲，英语和汉语同属分析性语言，都采用"主语+谓语+宾语"的线性排列顺序，但在运用时仍有许多不同的地方。主要表现在以下几个方面。

英语的修饰语，如定语和状语，其位置比较灵活，可出现在被修饰成分之前或之后，如果修饰语是短语或分句则需要放在被修饰成分之后，而汉语的修饰语无论是词，还是词组或分句都放在被修饰成分之前。翻译时，我们须视情况对这些位置做出必要的调整，以符合英汉两种语言的行文习惯。

为了取得句子形式上的平衡，避免头重脚轻的现象发生，或是为了强调某个成分，英语中通常采用倒装的办法，而汉语里则没有倒装的情况。翻译时，须对这些位置进行调整。

英语句常把判断性或结论性的部分放在句子的前面，汉语则放在句子的末尾。

如果一个句子有几个并列词语，词义有轻重强弱之分，英语的排列顺序是先轻后重，先弱后强，汉语则相反。

汉语和英语都有固定词序的并列结构的词语，翻译时必须根据译文的习惯进行调整。

第三节 英语教学创新性思维培养与发展

一、高校英语教学的创新性思维培养要点

（一）创新思维培养的构成要素

1. 鼓励与培养学生的求异思维

有些研究表明思维是创造的关键，它是我们面对问题的思考，由已知走向未知的路径。思维可分为发散思维、聚合思维、形象思维、抽象思维等。求异思维即发散思维，就是追求思维的多样性。发散思维和聚合思维的统一就是创造性思维。创造性思维又是形象思维和抽象思维的统一，在教学中要培养与锻炼学生的创新思维及创新能力。让学生多动手、多参与、多操作，培养与锻炼他们判断推理、分析综合的能力。

（1）求异思维是创新思维的核心。求异思维是创新思维的核心，没有求异"就无所谓创新"，英语教师应鼓励学生"标新立异"，回答老师提出的问题敢于用自己的独特见

解。引导学生从不同角度、不同思路去思考、探索。例如，在课上对老师提出的问题，让学生各抒己见，展开热烈讨论，鼓励学生敢于发表自己的见解。在课堂教学中，作为教学的组织者的教师应多采用课堂讨论的形式，积极鼓励学生敢于创新，敢于用自己的独特见解来回答问题。训练学生的求异思维能力，寻求所有可能的答案。

（2）鼓励学生的求异思维，要善于设疑问难。鼓励学生的求异思维，要善于设疑问难，"学贵有疑。大疑则大进，小疑则小进，不疑则不进"。英语课堂教学中培养学生积极求异的思维能力，就应多设信息沟，每一步教学步骤都层层递进，在设计思考题时可根据语言材料或教学内容，设计灵活性较大的思考题，以便让学生进行讨论、辩论、争论，这样一方面调动了学生的积极性，另一方面训练了他们的求异思维能力。当学生兴致勃勃地进行学习时，他们就会不畏困难、积极主动地学习，这时教师应不失时机地加强语言信息的刺激，给学生创造学习英语的氛围，营造创新教学的氛围。

（3）教师应给学生以创设问题的空间。教师应鼓励学生敢于问问题，帮助学生消除紧张心理，给学生以创设问题的空间，不仅告诉学生问"问题"的方法，也要做问"问题"的示范，要站在学生的角度去问"问题"，并引导学生多角度思考，自己找出问题的答案。把课堂提问的主动权还给学生，鼓励质疑和思考，培养学生的创新精神。课堂训练中，还可通过逆向、多向、横向、纵向、变换、动态等思路，补、改、比、变等方法活化训练，打破思维定式，提高思维的灵敏度，全面灵活地培养学生的创新思维能力。

2. 发展学生的想象力

作为一名教师，应该多鼓励、赞扬学生的"异想天开"，应引导学生敢于"标新立异"，想别人没有想到和没有做过的事情，从而激发起他们的创新欲望。想象在日常生活中必不可少，想象力是创造奇迹的源泉。爱因斯坦曾说："想象力比知识更重要，因为知识是有限的，而想象力概括着世界上的一切，并且是一切知识的源泉。"学生的想象力常有一定的局限性，具有情节简单而不稳定的特点，同时他们的想象力面广而不深入，夸张性大而创造性不强，教师更要给以正确的引导和培养。

3. 培养学生敏锐的观察力

观察是我们感知外界信息的最重要的过程。自然信息只有经过科学观察，才能进入人的认识领域而成为科学研究的现实基础。观察是我们认识世界、进行创新的一个基本方法，在英语教学中教师要注意培养和提高学生的观察力。

（二）创新思维培养应注重的问题

1. 加强基础教育

创新思维培养应全面而且要持续下去，应贯穿于整个教育过程之中，在基础教育阶段更为重要与迫切。有关心理学的研究表明，孩子早期培养所形成的一些不良习惯，如果不及时地进行纠正，长大以后就很难改变。基础教育是素质教育的第一个环节，而且是重要的一环。

在创新思维品质的培养中，要使思维合理流动从而提高创新思维能力，思维流动过程要求是合理的、不停顿的，充分发挥学生的各种智力因素和非智力因素。有意识地培养将各种不同形式的思维水乳交融，密切配合，综合形成系统，取得良好效果。强化创新意识，培养想象思维能力，进行发散思维和收敛思维的训练，多运用逻辑思维与辩证思维，多学习，多从书本上学习，从实践中学习，从有知识和有经验的人那里学习，都是提高创新思维能力的好的途径。广泛的兴趣、宽广的知识、灵活的思维有助于更有效地进行创新思维。

2. 创设实施创新教育的环境与氛围

（1）要创设良好的学校氛围。学校是培养人的阵地，它作为学生直接接受教育的场所，学生直接在其中学习和生活，更应创设良好的创新教育氛围和环境，发挥环境教育的作用。学生创新思维的形成，创造能力的提高，一所学校的培养目标、学风、学术气氛及管理体制等都对他们有很重要的作用。学校的橱窗、走廊等地方都可以布置得具有浓厚的英语文化学习氛围。学校还应积极创造条件开设一些英语课外兴趣活动，因为课外活动是一个能充分激发创新思维的火花的重要途径，学生能有机会充分运用英语进行交际。教师开展各种创造性活动，注重学生创新思维的培养，让他们体会到学习英语的快乐，用英语进行创造的愉悦。教师在组织学校英语课外兴趣活动时，可以充分利用身边的场景和实物来学习英语，通过创意制作英语小报、贺卡，自编自演英语小品和写英语短信或者发送英语电子邮件等活动，提高学生的英语学习兴趣和运用能力，让学生从在活动中单纯地学习英语知识转变为既在活动中用语言进行交际，又用英语进行创造。

（2）要创造艺术的环境。良好的艺术环境具有"润物细无声"的效果，只有营造了艺术的环境，潜移默化着师生的行为，才能激发师生的创造力，净化学生的心灵，产生强大的教育力量和感染力量。艺术的环境是学校对师生进行创新教育的最生动、最直接、最具体的教材，因此，我们要十分重视学校的环境整洁、井然有序、文明礼仪、文化氛围、艺术气息，让学生时时、处处感受到四周充满着艺术精神，令人赏心悦目，接受情感熏陶，在创新思维培养方面起到潜移默化作用。

（3）要创设良好的家庭氛围。家庭是学生不能选择也不可回避的地方，是他们大部分时间都在其中度过的生活的场所，家庭氛围直接影响到孩子的成长，对孩子创新思维的培养也有着非常深厚的影响。家长及家庭生活环境时时刻刻对孩子起着潜移默化的教育作用，适宜的家庭环境是培养孩子创新思维的基础和重要条件，如果孩子与父母之间有着积极的交往，良好的家庭气氛促进孩子能力的发展，同时榜样也会起到巨大的作用。

和谐且富有创造性的情境是培养学生创新思维的重要因素条件，坚持全学校、全家庭、全方位实施创新教育，营造实施创新教育的良好环境；坚持全面性、全体性、主动性与创新性实施创新教育，培养高素质创新型人才，为社会发展做出应有的贡献。

二、高校英语教学的创新性思维培养策略

创新思维是指人们运用已有的知识和经验增长开拓新领域的思维能力，亦即在人们的思维领域中追求最佳、最新知识独创的思维。创新思维不是天生就有的，它是通过人们的学习和实践不断培养和发展起来的。

（一）立足教材，精心设计教案，激发学生创新思维

教材是教师授课和学生学习的重要媒介，一套好的教材在整个教学过程中起到非常重要的作用。在英语教学中要培养学生的创新思维能力，首先就要为学生选择一套针对性强、能训练学生创新思维能力的教材。

(二) 巧设疑问并鼓励提问，启发思考，引导创新思维

教育教学实践表明，学贵乎疑，任何创新思维都源于问题。因此，让学生带着问题学习，凡事多问几个为什么，善于思考、勤于思考，求新求异。让问题走进学校，走进课堂，在课堂上产生新问题，寻找解决问题的方案，强化问题意识，是培养学生创新思维的一条有效途径。创新意识是培养学生创新能力的先导。自古以来，只有敢问、善问、善求之人，才会有学业的进步、认识的丰富，才能为人类的文明与发展做出不凡的业绩。

然而，在实际教学中，"问"在大多数情况下只是停留在教师提问、学生回答的层次上，教师更多考虑的是怎样问更巧妙，而很少思考如何使学生提问、敢问、善问。教学中，教师通常对学生的发问有两种担忧，担忧学生提问打乱自己的教学思路，担忧学生不可预见的提问延误了教师的教学时间，导致不敢鼓励学生提问。要培养学生创新思维能力，就要彻底摒弃教师"一言堂、满堂灌"的教学思想和方法，更新教育观点，建立良好的师生关系，为学生创造一个宽松和谐、具有民主气氛和探索氛围的学习环境，使学生敢想敢问，让问题走进课堂。英语课堂教学可以引入竞争机制，对学生的问答和提问进行合理评价，树立学生善于思考、敢于发言的信心。

在同等条件下，让学生比试谁提出的问题数量多、质量高，既能调动学生提问的积极性，又能激发和强化学生的自信心。让问题自觉地走进每个学生的头脑，给学生提供自我思考、自我探讨、自我创新、自我表现、自我实现的实践机会和积极的情感体验，从而引导学生进行创新思维。在教学中，应注意多角度、多方位的设计各种思考题，发展学生横向、类比、逆向、联想等思维，使学生不单单停留在理解和掌握所学的内容上，而且要利用现学的知识，结合已学知识去创新、去探索，培养他们创新思维，增强创新能力。

(三) 活跃课堂气氛，合作互动，拓展创新思维

良好的课堂气氛能营造一种具有感染力的催人积极向上的教学情境，而生动活泼、积极主动的课堂氛围又能激发学生的学习兴趣，并把兴趣培养成为学生学习英语的一种心理需要。这样学生才能保持英语学习的积极性，保持对英语语言的敏感性，从而进行积极的思考和创新思维，积极参与英语实践活动，与英语教师进行合作互动，培养语言运用能力，真正成为英语学习的主人，发挥学习的潜能。

(四) 完善教师个性，不断学习，丰富创新思维

作为一名英语教师，应该活泼开朗，善于表情达意，宽容随和，具有较好的亲和力，应该让学生接受、爱戴和尊敬。一名深受学生喜爱的英语教师在组织课堂教学、活跃课堂气氛、开展第二课堂活动时具有优势。当一名让学生害怕或厌烦的英语教师走进课堂时，学生们就会无精打采，他们的情绪仿佛蒙上一层阴影，具体表现为：对英语教师的英语语言表达不敏感，甚至不愿听课，不愿与教师或同学们合作，不愿思考，更不用说进行创新思考了。而当一位受学生尊敬、在学生中有威信的英语教师走进课堂上课时，学生们顿时情绪饱满、精神振奋，乐于听课、思考，在教师的引导下，更愿意去进行创新思维。

要培养学生的创新思维能力，教师首先应该有创新意识。从某种程度上说，学生的创新意识来源于教师的创新意识，教师的创新意识首先体现在教学方法上。目前大学英语教学不能停留在单词讲解、语法知识的传授和练习上，而应该教会学生学习，即教会学生阅读技巧、学习技巧。英语教师在教学过程中要达到教师的最高教学境界——授人以渔，教

会学生学习，这样就要有时间对学生进行语言操练，而语言操练过程，也是创新思维形成和发展的过程。作为教师，还要不断学习，学习新知识，积累新经验。没有丰富的知识，创新思维就失去了基础。不但要加强专业基础知识的学习，了解本专业的最新发展，而且还要学习其他领域的知识，扩大知识面，与时俱进，这样才能在教学中了解大学生的知识结构和思维模式，加强学生创新思维能力的培养。

三、高校英语教学的创新性思维发展路径

（一）走出"趋同化"，实现"个性化"

在中国高校的大学英语教学中，无论是培养方案的制订、管理和评价体制的构建，还是教材的编撰和选用、教学技术手段应用和师资的培养等，都主要是由教育主管部门掌控的，教育行政部门就成了"社会行动主体"。全国普通高校的大学英语教学，无论哪个层次的学校执行的都是教育部制订的统一培养方案，接受的是统一的管理和评价体系。教材的选用尽管不是单一的，但也大多是外语教学与研究出版社、上海外语教育出版社、高等教育出版社以及其他高校出版社出版的几套有限的教材，缺乏针对不同层次学生的"个性化"教材。现代教育技术手段的推广和英语师资的培训更是在一种统一的框架之内进行，甚至最近教育部推出的视频精品课程，也是一种统一化的教学，虽然可以达到资源共享，但是肯定无法顾及不同层次的学校与个性化差异极大的学生。这种教学模式呈现出的是"趋同化"特征，"趋同化"虽然便于科学管理，但也容易丧失了自身办学的"个性化"特色。

"趋同化"也许是国家计划教育体制的必然产物，主要的办学理念还是以"教"为核心，虽然也在强调"以生为本"，但是在实际的教学活动中则很难实现。人类最理想的行动方式应该是一种双向互动对话的交往行动。交往行动模式并没有把行动与交往等同起来。语言是一种交往媒体，是为理解服务的，而行动者通过相互理解，使自己的行动得到合作，以实现一定的目的。交往行动所表明的，是可以通过语言行动合作化，但不能借助语言行动概括的一种内部活动。

学生之间的相互"交往"是一条较为切实可行的途径。在招收研究生、留学生和设有英语专业的学校，可以让研究生、留学生、专业英语的学生与非英语专业的学生结成对子，参与大学英语的教学活动，老师可以及时了解情况，进行宏观指导。同时，我们还可以利用网上互动平台，请老师和学生在网上进行互动，甚至可以通过对外交流的机会，让学生与母语是英语的境外学生进行"交往"。

大学英语的教学活动不应仅限于"教"与"学"之间的"交往"，"教"的内部其实也不能只是规范和统一。大学英语教学的集体备课通常是规范教学管理十分有效的途径。然而，集体备课的目的不能就是为了统一教学进度、规范教学内容、统一测试标准，而且还更应该凸显每个教师之间教学的"个性化"，让不同的教学方法、手段和个性相互碰撞，从而能够针对不同学生采取"个性化"教学手段，让每个教师的教学都在一定程度上拥有自己的"独特性"，学生也可以根据自己的需求和特点，选择不同教师班级进行学习。在集体备课时，教师可以就自己的科研思考进行交流，提升大学英语教学的科研含量，也能够达到教师之间彼此"交往"的目的。在可能的情况下，教师的集体备课还可以对那些担

任"导师"的学生开放,一方面让这些学生"导师"了解教师的教研状况,另一方面又可以让教师更清楚学生的学习状况,实实在在地让师生互动起来,推动教学的"个性化"。

(二)跨出"外语圈",探索"学科化"

在大学英语教学改革中,是否跨出"外语圈",采取"英语+X(专业英语)+Y(专业知识)"的模式,一直是学界争论的热点问题之一。无论是赞同还是反对,争论者们基本上都是基于"目的性行动"。语言不只是一种表意的媒体或载体,其功能不仅体现在语辞层面上的表意功能,而且还反映在社会行动层面上的交际功能以及更深层次的思维功能。可以说,在英语学习的初级阶段,语辞层面上的表意功能无疑是学习者关注的主要功能。

我国的大学英语教学主要是为了让学生进一步掌握英语的表意功能,学习和完善语言知识体系的掌握,整个教学体系是围绕着"学习语言知识,掌握语言运用技能"展开的。如果从社会行动层面上的交际功能出发,大学英语教学的中心就应该有所转移,应该由"学"转向"用",即转向以实际应用为目的的教学,在语言的应用过程中来学习语言。其实大学生的英语学习方法与中小学生不同,中小学生自然是以学习和积累语言知识为主,从如何发音、记忆词汇、掌握语法等语言基础知识入手,大学生则更应该在"用"中"学",通过阅读、写作、翻译等实际语言实践过程,来提升自己的语言应用能力。

在我国的普通高等学校中,开设以学科为中心的大学英语博雅课程,是一条大学英语教学"学科化"的有效途径。在这一课程中,学生可以不只是了解本学科相关知识和发展状况的英语表述,还可以了解学科的主要学术刊物、栏目等,指导学生用英语撰写学术论文并在国外学术刊物上发表,同时也能够为学生提供出国求学的途径,帮助学生与国外学者、专家以及学校和科研机构建立联系等。

其实我国的大学英语教学改革的最终目的就是要走出外语圈,改变大学英语教学从属性地位的现状,充分发挥大学英语教学的引领作用。我们可以通过用英语开设博雅课程的方式,向其他学科渗透,探索"2(前两年学习外语)+2(后两年学习专业)"的人才培养模式。例如,目前我国的法律人才是过剩的,英语专业的人才需求也被亮了"红灯",但是,如果把"2(前两年学习英语)+2(后两年学习法律)"的模式运用到国际法的人才培养上,也许能够为我国法律界提供极度缺乏的、能够用英语打国际官司的律师人才。根据大学教育国际化的趋势,各高校都在按照教育部规划纲要不断开发与学生实际需求(学科、专业、就业、个人兴趣)相吻合的课程体系,力求尽可能地满足学生的个性要求。药学类院校也在积极努力构建多层次、立体式大学英语的教学模式,确保不同层次的学生在英语应用、学科研究能力方面得到充分的训练和提高。

第六章　大学英语教学方法新探

第一节　大学英语教学中互动式教学方法

一、互动式英语教学实施的原则与程序

（一）互动式英语教学实施的原则

1. 普遍性原则

创新精神和实践能力的培养要面向全体学生，体现其普遍性原则。创新潜能不是少数尖子生独具的。每个学生都具有创新的潜能，关键在于教育的开发。因此，教师应善于发掘蕴藏在学生身上的创造潜能，并将期待的目光投向每个学生。

2. 差异性原则

创新精神和实践能力的培养必须充分考虑到个体间发展的差异，应针对不同层次学生的具体情况，制定不同的学习目标、学习内容和方法。学生的创新与成人的创新活动是有区别的，其创造的价值更多地表现在学习过程中，教师应主要促使他们通过自主探究去获得成功的体验。因此，教师在组织学生开展创新实践活动时，一定要从他们思维的实际发展水平、知识基础和生活经验出发，目标不要过高，内容不要太难，不可将"苛求"当成"严格要求"。

3. 活动性原则

教师要注重通过开展各种活动，如动手操作、实践探索、调查研究等来培养学生的创新精神和实践能力。在学习过程中，基础知识和间接经验的学习是十分必要的，但问题探究的过程远比直接获得结论更重要。"在黑暗中摸索"要比"等待火炬引路"更有益；奋发进取要比坐享其成更可贵。

4. 激励性原则

在创新精神和实践能力的培养过程中，教师应注重运用激励性评价的策略激发学生的兴趣、好奇心、求知欲和想象力，并要全力支持他们质疑问难，绝不能置之不理，横加干涉，甚至一味地指责。要使激励性评价真正成为"培养创造精神的力量"。

（二）互动式英语教学实施的程序

1. 营造语境

在传统教学模式中，为了充分利用课堂时间，教师往往开堂就讲，而大学生英语水平

整体较差，学习积极性和主动性不强，为了使学生在进入英语课学习之前，保持一个积极兴奋的状态，那么，如何在进入新课前更好地激发学生的学习兴趣，就显得尤为重要。因此，大学英语互动教学模式应首先根据对教学目标和教学内容的整体把握，营造语境，以旧引新。可以通过提问设疑、自由讨论、角色表演、图像展示等创设交往互动和问题求知情境，营造英语氛围，激发学生的学习兴趣，使其尽快进入角色，全身心地投入语言实践和思维活动中去。然后通过所创设的与当堂课相关的语言情境导出新课内容，并明确学习目标，让学生明确本节课应掌握什么内容和应达到什么标准。

2. 自主学习

在传统的教学模式中，学生只有静静听讲的权利，而没有思考的自由，缺乏学习主动性。教师应该注重培养学生自主能动地进行学习的意识和能力，教给学生语言学习的规律和方法，要善于启发学生思考，帮学生培养未来独立学习所需的技巧和能力。互动教学模式把这视为必要环节，留给学生独立思考、自主能动学习的时间，允许学生根据自己的能力水平、个性特点、自主地、能动地、自由地、有目的地进行独立思考，自主尝试解决问题，突出个性化学习，真正确立学生的主体地位。

3. 合作学习

传统的教学模式是填鸭式教学，以教师教为主，而互动教学模式更注重师生、生生间的交流互动。合作学习这一环节是在学生自主学习、初步感知的基础上，开始合作互动。首先进行小组研讨，教师要根据学生的基础和自学情况，确定适合学生知识水平的讨论主题和要完成的任务，明确要求。通过启发、引导和激励，让学生围绕中心议题，发挥想象力和创造力，尽情地发表和交换各自的观点，相互启发、检查交流、吸收完善，发扬团队精神，通力合作，力求出色地解决问题、完成任务。

4. 点评归纳

传统的教学模式，一般都是教师独自对整堂课进行点评归纳。而本模式引导学生参与这一过程，充分发挥学生的主体作用。在组间交流后，按一定的标准，通过学生自评、师生互评等手段，来对学生的学习成果进行全面、宏观、准确的评价。评价的过程其实就是对整节课反思的过程，在此基础上引导学生将各组的观点、答案进行整理、分析、归纳和概括，由此形成共识。总结时，按照本堂课教学目标，首先由教师引导学生总结，然后教师再单独进行补充归纳，总结知识和学习方法，使学生将所学知识主动纳入自己的认知结构中。此环节主要是师生、生生互动，能促使学生积极的思考，激发学生参与的兴趣通过对当堂课所接触的新语言的反思、评价、归纳、总结，达到巩固强化和查漏补缺的目的。

5. 延伸拓展

传统教学模式一般都围绕课本进行教学，不能激发学生的学习兴趣，也不能开拓学生的视野和思维。而在大学英语互动教学模式中，互动教学还可以延伸到课本知识和课堂教学之外。延伸拓展环节，是使学生对已知知识进行拓展和升华，对未知信息进行收集和探索的过程。

在总结完本课所学知识后，如果课上还有时间，可以根据当堂课所接触的语言项目和应完成的语言功能，设计相关的拓展任务。例如组织学生分组讨论或辩论与本课相关的拓展性问题，或进行拓展性练习的群测和自测等，以使学生进一步巩固知识，举一反三，并激活学生的想象力和创造力，发展他们的实际应用能力。

二、互动式教学法在高校英语教学中的应用

（一）高校英语听力互动式教学

1. 提问式师生互动

通过提问，刺激学生用英语进行交际，做好课前热身准备。教师根据课文内容及学生的预习情况，对学生较熟悉的课文内容或感兴趣的话题，采用师生问答的形式开展教学活动。教师在设计问题时，应具有艺术性，努力构建一个充满人文关怀、人人感到轻松愉快、人人企盼参与的语言交际教学情境，建立起和谐融洽的师生关系，使英语学习过程生动有趣。学习内容力求与生活密切联系，在每节课前，可以就有关学校生活问题设计一些对话。通过挑选这些与学生密切相关的或他们感兴趣的话题，让学生产生交流的兴趣与愿望，教师与学生建立了关联，迎合了学生的实际情况和需要，培养了学生的交际能力。经过课前几分钟的"热身话题"之后，可以过渡到本单元内容的讲解上来。

2. 小组中学生之间的互动

小组合作学习，不仅有利于所有学生的参与，让其充分展示各自的个性，而且也有助于培养相互合作的精神，在互探、互学、互帮、互促的过程中，将个人的发现转化为共同的财富。

（二）高校英语口语互动式教学

互动式教学法是教师与学生之间互为主体的双向交流、讨论和沟通，是学生在教师有目的、有计划、有组织的指导下，积极主动地掌握系统的文化知识、发展智力和陶冶情操的过程。

1. 强迫互动式口语练习

英语口语的提高，关键在于练习。口语是一种利用语言表达思想的能力，口语教学的目的就在于培养和训练学生语言知识的转换能力。作为英语教师，应该尽可能多地给学生创造练习的机会，加大学生口语的训练量和训练强度，加速学生从语言知识到语言能力的转换。在我国由于受传统教学法的影响，英语课堂中学生习惯于大部分时间由教师讲解，被动地接受知识。同时学生怕出错误、闹笑话，上课时不喜欢积极发言。为了迫使学生开口讲英语，逐渐放开思想包袱，教师有必要采取一些强制措施，与学生进行互动口语练习。教师可以把学生课堂英语口语能力的表现以分数的形式表示出来，并与学生的期末成绩相结合，但是教师不要把学生的口语错误作为唯一的评判标准。对学生的口语成绩进行评估，应着重于学生对知识点的掌握和表达思想的能力。

外语学习动机有三种。第一，整体动机，指外语习得的一般态度。第二，情境动机，如在自然习得的情况下，学习者动机不同于课堂学习者动机。第三，任务动机，指对具体任务的动机。在任务动机的驱使下，学生为了有好的成绩，会不得已开口进行英语对话。经过大量的强迫性练习，学生会逐渐养成用英语思维的习惯，逐渐克服胆怯的心理，敢于大胆开口说。在课堂教学中，教师应逐渐减少自己的讲话时间，增加学生的会话时间，使学生有更多的机会和时间多说多练，在语言能力、交际能力和英语思维能力等方面得到迅速提高。

（1）课堂问答。在课堂教学中，对于课文内容的理解及课后一些易于口头表达的问题，可以采取教师提问学生回答、学生提问教师回答、学生互相提问的形式，还可以采取共同商讨的方法，来寻求正确的答案。学生可以从课文中找出原句子或者词组的固定搭配，来组织成自己的句子回答问题。这样形成的句子错误相对较少，能够增强学生开口讲英语的自信心。在教学活动中，教师可以切实地为学生创造口语练习的机会，同时，由于受分数的限制，迫使学生从被动的语言知识灌输对象变成教学活动的主动参与者。学生会分出一定的课外时间预习课文，并对可能提出的问题进行准备和练习。在互问互答的过程中，既有利于学生对课文的理解，又使师生之间处于和谐的英语会话语境之中。

（2）小组讨论。在互动式教学法中，教师是学习活动的鼓动者和参与者。形式多样的课堂活动，如小组讨论、辩论、扮演角色等，可以激发学生学习英语的兴趣，促使学生积极思考问题、自觉参与。小组讨论更加有利于学生英语口语水平的提高，教师可以将班级根据就近原则分成有固定成员的若干小组，让学生就某个问题发表见解。为了便于学生讨论，可以提前给出讨论的题目，要求学生阅读相关的文字材料。在讨论活动中，学生的注意力应放在如何围绕主题发表见解，而不是语言的语法、发音等错误上。学生开展对话活动时，教师应在教室巡视，观察学生讨论的情况。当学生的讨论冷场了，或者学生忘词了，教师可对他们进行鼓励或提示，使讨论活动顺利进行下去。每位学生可以分配不同的任务，如小组主持、秘书、发言人、总结人等，每次更换任务，这样使得性格内向或口语表达能力差的学生有机会发言，使其逐渐树立自信心并积极参与活动。讨论结束时，教师应倾听各小组的讨论结果，并提出优缺点，使学生对自己的成绩始终保持清醒的认识。最后，教师根据每组的不同表现给出小组整体成绩。当小组成员各有自己的任务时，会增加对活动的参与意识。同时，小组讨论还可以加强学生的团结协作精神。

（3）朗诵与课文复述。朗诵对语言学习很有好处，它可以帮助学生熟记语言材料，加深对课文的理解。朗诵的过程是知识输入的过程，学习者在此过程中不停地进行思考，可以全方位地输入单词的固定搭配、句子的结构模式、上下文的连接方式、发音的节奏、速度、重音、语调模式。在朗诵的过程中，学生的口语错误大大降低，可以把重点放在语音的标准、句子的流利程度上。而课文复述比朗诵在口语训练上更进一步，因为课文复述是建立在已有的语言材料上，进一步去发挥学生自己组织语言的能力。此外，由于有固定的语言资料作为基础，学生可以使用一些单词的固定搭配、句子的结构模式。与临场发挥式口语训练相比，可以减少句子中的错误，增强学生讲英语的自信心。在朗诵过程中，采取师生互动式的方法，学生可以进行比较，通过教师和学生朗诵的对比，学生可以发现自己的语音错误，学习教师的语音、语流，进行语言正音。在课文复述过程中，采取师生互动的方法，学生可以学会教师组织语言的方法，懂得课文的语言重点，了解文章的中心内涵。

2. 轻松互动式口语练习

互动式教学内容要做到激发学生参与活动的兴趣。根据交际教学法的观点，学习动机来自对语言交际内容的兴趣。当学生参与了充满趣味性、实用性和挑战性的英语实践活动后，就会对课堂教学产生浓厚兴趣，刺激自身内在的学习英语的动机。一个教师在教学中，除了凭借自己的语言功底、教学经验和教学观念外，还应多鼓励学生，让学生体会到学习英语的乐趣，为学生创造一个轻松和谐的语言学习环境，减少学生在学习中出现的焦虑感和抵触情绪。

（1）师生互动情感交流。人本主义的学习方法强调，在教学过程中应把学生作为一个"完整的人"来看待；教师与学生的关系应是合作者的关系，不应有上下级之分。在英语口语训练中，学生应成为活动的中心，教师应该是一个指挥者、引导者、激励者，更应是一个合作者。如果我们的目的是要培养交际能力，那么我们的方法本身就应该是交际性的，也就是说，它必须是学习者与教师之间进行的，有关学习过程中思想感情的交流和协调，教师在此过程中是作为参与者而非整体的控制者。教师要坚持情感教学原则，包容学生的口语错误，帮助学生缓解心理压力，让学生能够轻轻松松、毫无顾忌地说英语，并积极与教师用英语交流情感。教师有必要讲一些自己的生活经历，并了解学生的某些生活细节，在英语口语对话中，促进师生了解和情感沟通。在课间休息时，教师与学生可以用英语闲聊，谈话内容可涉及生活的各个方面。这样便于师生情感交流，又能使学生讲英语的气氛变得更加宽松和谐。

（2）互动趣味语言活动。兴趣是最好的老师，有趣的语言活动不仅可以大大增强学生学习英语的兴趣，而且可以激发学生的自我责任感、个人创造能力、信心和独立思考能力。在英语口语教学中，教师应采取灵活多样的方法，把内容丰富有趣的课堂活动开展起来，使得学生积极参与各项趣味活动，能够轻轻松松开口讲英语。

课堂活动多种多样可以使课堂气氛活跃、内容丰富有趣，使不同程度的学生都能参加到活动中去。练习口语的教学活动，应包括课前讲英语故事、听唱英文流行歌曲、朗读名篇段落等，课堂上可以根据课文内容开展角色扮演、情境对话、专题讨论等活动。同时，可以利用网络等现代化教学手段，为学生播放英文电影和精彩的英语辩论赛。在学生观看的同时，鼓励他们模仿精彩的语言或对白。语言教学应尊重和重视学习者，把学习和自我实现结合起来。在教学中，教师采取互动式英语课堂教学法，使教师处在与学习者合作、互动的位置上，给学生一定的权力，营造并保持一种良好的学习氛围。通过师生互动、学生与学生互动，满足学生英语口语练习的需求，有利于学生提高英语学习兴趣和语言交际能力。

（三）高校英语阅读互动式教学

1. 阅读教学中实施互动教学的目标

第一，激发学生浓厚的阅读兴趣和强烈的学习动机，使学生养成良好的自主阅读的习惯。变过去的"学会""苦学"为"会学""乐学"。

第二，使学生掌握科学的阅读方法，逐步形成探究性阅读和创造性阅读的能力。

第三，培养学生的自信心、责任感、交往能力、创新意识、协作与竞争能力，促进学生的个性全面而和谐地发展。

2. 阅读教学中实施互动教学的原则

（1）让学生参与阅读教学的整个过程。传统的阅读教学注重的是教师一方的"动"，学生只是被动地听与记。由于学生在课堂中学习的内容主要是他人（包括教育工作者和教师等）预先选定的知识，学生未必能够体会到学习的必要性以及所要达到的目标。尤其是大学生，他们的学习行为多受直接兴趣的制约，学习兴趣不稳定，而且多数缺乏学习动机。没有要求学习的内在愿望，当然就不会产生积极的学习行为。所以，我们应该把阅读教学活动看成一种特殊的交往活动，这种活动不仅是动口、动手，更是动情、动思，把肢体的动与思想感情的动联合起来。在阅读教学中教师要尽量设置一些利于激发学生学习兴趣的活动，比如联系教学和学生实际的讨论，根据课文内容分角色朗读、表演，再现课文情境的绘画，引人入胜的讲述，等等。学生动起来，才能实现师生与生生的互动。

（2）教师通过引导与启发，来协助学生自主建构新知识。互动教学的目的，不是使学生掌握固定的知识内容，而是让学生利用自己已有的经验去感受、理解知识产生和发展的过程，使学生头脑中的已有经验与"新知"产生相互作用。

（3）通过反馈和矫正，来促进学生学习和发展。这种师生之间不断的反馈和反复的矫正，可以增强互动的效率。"互动"教学主张，在教师评价和矫正的同时，应加强学生的自我反思，强调同学之间对信息的反馈，相互评价。这是提高学生阅读效率和整体素质的有效方式。

3. 阅读教学中实施互动教学的策略

（1）教师与英文文本的互动策略。由于受应试教育以及传统评价观的影响，以往的阅读教学强调"英文文本权威"，师生不敢越雷池一步。所以在实际的教学情境中，多数教师总是试图教给学生权威的解读结果，于是，费尽心思找来各种参考资料，仔细筛选出自认为可以教的正确见解，以便在课堂上胸有成竹地对着学生分析课文，引导学生沿着自己设计好的思路顺藤摸瓜，复诵文本或是回答教师预期的标准答案，顺利地完成教学任务。

现代知识观也坚持认为，教材教案等一切英文文本的意义，都具有不确定性，师生皆可对它们进行不同的诠释与解读，不断地进行界定和再界定。因此，我们追求的教学过程，就不再是永远的平衡，而是失衡再平衡；不再是一味的有序，而是无序中的有序。教学过程还其本来面目，应该是多元变通、动态生成性的。

所以，作为阅读者的教师，首先自己应该有对英文文本的独特理解。教师是要以英文文本为依据，但绝不是恭顺地全盘接受，而是与英文文本互动：倾听英文文本、质疑英文文本、解读英文文本，让自己的心灵与英文文本撞击，在撞击中受到触动，真正读出一点心得感受。

在阅读教学中，教师是阅读活动的组织者和引导者，他既是英文文本阅读的先行者，又是整个教学活动的总设计师。所以，教师与英文文本的互动又有其特殊的内涵：

第一，教师要吃透英文文本，开发英文文本。即教师要读懂英文文本，透彻地理解英文文本，并融会贯通，使英文文本内容内化为自己的知识体系。这样，在引导学生与英文文本的互动时才能游刃有余。

第二，教师在吃透英文文本，开发英文文本的基础上，要对英文文本进行大胆的艺术加工。因为英文文本在编写中，总有许多不尽如人意的地方。比如，有许多课文应用的周期过长，与当今的时代相左，或与今天大学生生活的世界时空距离太远，激发不起学生的阅读兴趣，难以促使学生产生体验、引发共鸣，起不到对学生的教育作用。这就要求教师对英文文本进行重新筛选。虽然英语阅读教学改革已经对这方面的工作提出了具体改进的方案，然而，教材不可能每年更新一次，这客观上需要教师在具体教学活动中做更多的工作，及时对英文文本内容进行更新和灵活处理，及时补充新的信息，保证英文文本内容与大学生经验的一致性。

第三，教师要敢于质疑英文文本，质疑英文文本的编写者，促进英文文本的合理编选。在新课程理念下，教师除了对英文文本进行艺术加工外，还要大胆地对英文文本提出批评和疑问。因为英文文本内容也只是某个个体对英文文本的编写和解读，所以，不可避免地存在一些失误。除此之外，还有许多英文文本意义和内容以及插图等方面的问题。面对这样的问题，教师要有不迷信、不盲从的批判和探索精神。事实上，一些教师也正在或已经做了这样的工作。教材的一次次改革，英文文本内容的一次次增删，使英文文本编写越来越科学、合理，其中的一个主要原因就是，教材的编写者听取了一线教师的意见及教改经验。目前，这种批判意识越来越受到教师及教材编写部门的重视。在这样的大环境下，教师与英文文本的互动必然会使教材的编写形成良性循环，也必然会促进阅读教学的良好发展。

（2）学生与英文文本的互动策略。学生与英文文本的互动最能体现自主学习的理念。学生是阅读的主人，也是阅读学习的主人，他们需要亲自参与阅读实践，获得真切体验，汲取英文文本营养，同时学会阅读。为此，老师在阅读教学中要让学生积极参与自主的阅读实践，与英文文本及作者互动，与文本及作者进行思想交流与心灵碰撞。以往的阅读教学，学生其实很少有机会"阅读"，即使有"阅读"，学生面对的往往也不是英文文本本身，而主要是"揣摩"（印证、接受）教材编写者（实际上，主要是教参）对英文文本的"分析"，以及"思考和练习"的答案，学生对英文文本缺少自主的理解。所以，"互动"教学主张在阅读教学中，把学生与英文文本的互动放在首位。学生与英文文本的互动，是阅读教学的重点。因此，在阅读教学过程中，教师必须保证学生独立、充分、深入地与英文文本交流，放手让学生自主、自由地探究，使学生的个性得以解放。学生实现与英文文本互动，又使得这种活动进行得更为深入生动、有效高效。

（3）教师与学生之间的互动策略。师生互动，就是指在教学过程中，师生之间发生的一切交互作用和影响，它既指师生间交互作用和相互影响的方式和过程，也指师生间通过信息交换和行为交换所导致的相互间心理上、行为上的改变。从现代教育的角度来看，教学过程的本质属性即师生的交往互动。没有师生的交往互动，就不存在真正意义上的教学。教师在教学过程中应与学生积极互动，共同发展，要处理好传授知识与培养能力的关系。其实，师生互动的作用，并不是现代的教育者才意识到的。"互动"教学正是继承和发扬了传统教学的优点，同时，又突破了它们的局限，在承认学生主体地位的前提下，要求进行师生间的平等互动。

教师在思想上必须牢固树立师生平等、民主的观念。要允许学生发表自己的见解，即使见解不完整、不准确也要进行鼓励。特别是学生的质疑问难，教师更要大加赞赏、鼓励并加以引导培养。切不可因为学生的见解或问题顶撞了你，或是超出了你的认知范围，就不分青红皂白地予以否定。这样只能使学生的兴趣和热情下降，更谈不上创新、出奇了。所以，教师要学会做一个忠实的听众，学会倾听，认真倾听学生的独特见解，才能营造一个自由、轻松的学习环境。

教师在教学中要善于运用教学语言。首先，要恰如其分地用好体态语。一要用好眼神。亲切自然、饱含对学生信任和期待的目光与眼神能够给学生勇气和自信。二要用好面部表情，严肃中要有温柔，多对学生微笑或肯定地点点头。三是要用好手势、走势和站势，要舒展自如，注意摆动的幅度。因为一个眼神，一个微笑，一个动作，都可以让学生感受到你的信任和支持。其次，要运用生动的、友好的、富有激励性的口头语言。教师在教学中如果能经常使用那些友好的教学用语，显然能够调动起学生学习的积极性，营造出一种生动、活泼、和谐的教学环境。总之，在教学中，教师要尊重、信任学生，耐心引学生，要善于通过鼓励胜的语言和体态暗示，与学生进行情感沟通，缩短与学生在心理上的距离，使双方达到"情感融合"，相互产生一种愉快、热情、真挚、可信的合作欲，促使学生带着一种积极的情绪进行学习，从而优化教与学的情感氛围。这种建立在支持与信赖关系之上的"支持性氛围"，会大大提升学生学习的自主性和积极性，有利于师生间的交流和沟通。

（四）高校英语写作互动式教学

写作是一个复杂的过程，并不是由作者一个人完成，而是需要一个群体活动的相互配合。以下从写作前、写作中和写作后三个方面，对于不同阶段的英语互动写作教学应用进行分析。

1. 写作前

写作前是第一个阶段，即准备阶段。这个阶段主要有三个任务：划分小组成员定主题、收集资料、学习基本的写作技巧。在这个阶段，教师要充分发挥主导作用。在传统的课堂教学中，学生的座位总是按前后顺序列成几排，后排的学生只能看见前排学生的头，这种设置方式使学生之间缺乏必要的交流和沟通。因此，在互动式写作教学中，学生座位的设置非常重要。在活动之前，老师可根据人数，把学生分成几个小组，每组5至6名学生，小组成员各自担负一定的职责，如：发言者、记录员、主持人、检查员等。为了方便学生的交流，在互动式教学中，教师可以把学生的座位排成圆形。在学生落笔开始写作之前，教师要指引学生进行前期相关工作的准备。

首先，教师要精心选择作文题目，所选题目既要与学生的学习和生活密切相关，又要让学生感觉有话可说。

其次，教师应组织学生一起阅读作文题目，给予学生讨论和思考的时间，提供学生之间互动的机会，针对主题，提出引导性的问题、列出要点等。学生可以通过阅读范文来收集资料，因为阅读范文能够扩大和启发学生的思路。在阅读的时候，学生要学会善于分析和判断，积累素材时，要认真思考和抉择。学生还可以利用网络资源来搜寻材料。

总之，在写作前阶段，教师需要指导学生分析不同体裁的语篇所具有的不同交际目的和语篇结构，更好地为以后的写作打好基础，写出合乎写作规范的语篇。

2. 写作中

在经过写作前的准备活动之后，学生进入实际写作阶段。此阶段主要的活动有打草稿、评改、重写。在课堂教学中，教师必须能够有意识、有目的地进行角色之间的转换激发学生间的互动活动，调动他们的参与意识，使学生成为课堂教学的主体。课堂上，老师要组织学生对写作前收集的材料进行筛选，因为收集的材料不一定都能用上，要选取那些有价值的信息，告诉学生在写作时不要担心问题的出现。当学生独自完成初稿后，教师提供评分标准并组织学生进行修改。许多学生没有掌握修改的技巧，也不知道怎样才能修改好自己的作文，更谈不上能对别人的作文提出建设性的修改建议。因此，在课堂上，教师可以进行具体的示范，让学生明白，修改应从哪些方面入手，才能进行有意义和有成效的修改。在教学过程中，教师提供了学生或同伴互评的参考标准。学生完成一篇作文，通常需要经过多次修改，而修改是"一个很复杂的过程"。写作评改有以下几个步骤。

第一步，自我修改。指的是来自于学生本人个体的反馈，自我修改，换言之，就是学生根据学习过程中出现的错误，进行自我的检查、辨析和订正。学生阅读自己的文章并进行修改，可以从以下几个地方入手：单词拼写、标点符号的选用、段落、文章的层次结构等。

第二步，同伴互改。同伴互改的含义是指在学生之间或小组成员之间，彼此对同伴的作文提出修改建议，同伴互改的根本宗旨是，让学习者通过必要的交流完成写作任务，充分发挥他们在学习中的主体作用。研究者们一直密切关注着同伴互改这一方法在写作教学中的应用。学生写完作文之后，首先与同桌同学交换、互相修改。学生把自己的作文交给同伴，这是他们的作品第一次见到读者，也是第一阶段工作的延续。学生相互修改，既要检查并指出同伴的作文中出现的问题，也要肯定文章中出现的经典句子。通过对对方的作品做出反应，可以从中看出第一阶段的学生自我评估工作做得成功与否。这里的同伴互动，既是行为互动，也是思维互动，促进了学生间知识的交流，又加深了他们的情感融入。

第三步，小组评改。这项评改工作可在组内和小组之间进行。教师在小组评改前，先公布本次评改的侧重点。小组的每一个成员轮流朗读自己的作品，使自己的作品与更多的读者见面；而小组作为一个团队，共同评议每位成员的作品优缺点，可从几个方面入手寻找作文的主题句、作文的逻辑顺序、文章的立意与选材、发现习作中的优缺点。最后把小组成员的意见进行汇总，并给出分数。等各个小组都完成任务后，再进行小组之间的交换，以便得到进一步的检查和修改，修改后上交给老师。因为学生互评是在平等的基础上进行的，有助于消除学生在交流时出现的焦虑情绪。通过小组互改，能创造出更积极有效的课堂气氛。写作成为同学之间交流和沟通的桥梁，而不再是等待教师评语的艰巨任务，这对于学生来说，能够从心理上更加容易地消除他们写作的畏难情绪。

3. 写作后

在学生经过相互评改之后，教师要及时收集学生的文本进行检查，根据学生互评的结果进行讲评和总结。教师对学生在互评过程中出现的共性问题加以分析和总结，引导学生对出现问题的形成原因做进一步深入的认识，以及提出避免问题产生的有效方法，保证学生的互动活动得到及时的反馈和指导。最后学生在修改的基础上进行重写。在评价过程中，教师应对学生多一些关爱、鼓励，帮助学生认识自我，建立自信，让学生在教师的指引下，愉快地进行英语写作，提高写作兴趣。

课后反馈属于写作后的一个关键环节。批阅学生习作，是教师与学生进行交流的好机会。教师可以直接对文章进行批改，纠正语法、表达、结构等错误。同时，互动式写作模式强调学生也可以在文中标出写作过程中的疑问之处，让教师进行有针对性的批改，并将结果及时反馈给学生，让学生及时了解到自己写作中的弱点和问题所在，并及时纠正。只布置题目，不及时反馈，会极大地降低学生写作的积极性，同时，也是对写作本身价值的一种浪费。反馈应点面结合，既注重语言、语法等细节，又注重篇章结构、总体思想表达等。教师还可以组织学生进行同学间的相互批改，集思广益，实现学生间的互动，让学生从读者的角度审视文章，加深对各种写作差错的认识，让出现差错的学生从出现的差错中学到知识避免再犯，让未犯错误的学生防患于未然。

第二节 大学英语教学中生态教学方法

一、高校英语课堂生态的结构与功能

（一）高校英语课堂生态的结构

结构的"结"是表示结合、联系之意，"构"是表示构造、框架之意，结合起来，结构就是指若干组成部分按照一定的关系结合而成的一种架构，常用来表示事物的存在状态。结构主要包括两层含义：组分和关系，即由什么构成，以什么关系存在。

一个生态系统，有了组分还不够，还需要有一定的结构才可以运转，才可以实现其功能。生态系统结构包括两种：形态结构和营养结构。形态结构指生态系统在内部和外部的配置、质地与色彩。营养结构指以营养为纽带，把生物和非生物紧密结合起来，构成以生产者、消费者、分解者为中心的抽象结构。形态结构包括内部基本构造和外部呈现形态。一个生态系统的基本构造是比较清楚的，由生物和非生物环境构成，它们之间相互作用。如果具体到特定的生态系统，则生物的类别和个体、环境的构成等均有所不同，而且会受到营养结构的影响而出现不同的外部呈现形态，因此，不便用统一的图形来表示，但内部的基本构造仍然可以抽象出来。营养结构中的生产者、消费者、分解者是依据它们在生态系统中的功能而划分的，而与分类类群无关，所以又称为生态系统的三大功能类群。来自太阳的能量通过生产者的光合作用或化能作用进入生态系统，逐级流动，形成生态系统三大功能类群的营养结构。

课堂的基本构造可以简化为人（课堂生态主体）和环境（课堂生态环境）两个维度，"人"相当于自然生态系统中的生物，课堂环境相当于自然生态系统中的非生物环境。其中"人"可以细分为教师和学生，课堂环境可以细分为教材、教学手段、课堂布置、教学氛围、师生关系、规章制度等，课堂生态系统中的这些生态因子相互作用、相互影响、相互依赖，共同构成一个生态整体。课堂生态中的基本营养结构是：教师是生态系统里的生产者，将来自外部世界和自我经历的信息（知识）消化转换，以学生能够吸收的方式通过课堂环境传授给学生，学生消化分解这些信息（知识），再通过课堂环境给老师一定的反馈。

但是，课堂生态作为一种社会生态，又有与自然生态不同的地方。随着教育生态学的不断发展，人们对课堂教学本质的认识不断生态化，对课堂生态系统中的各生态因子以及这些组分之间的关系也有了更深的认识，促进了课堂生态的形态结构和营养结构不断进化。

(二) 高校英语课堂生态的功能

"功"表示"功效、作用","能"表示"能力",结合起来,功能指有特定结构的事物或系统在内部和外部的联系和关系中表现出来的特性和能力。凡是系统都具有功能,系统的功能指由系统行为引起的、有利于系统所处的环境中某些事物或整个环境发展和存续的作用。这里所说的系统行为指系统相对于它所处的环境表现出来的变化。生态系统有三大功能:能量流动、物质循环和信息传递,它们共同维持着生态系统的正常运转。课堂生态是教育领域里的一个微观生态系统,因此,也具有生态系统的一般功能。具体地说,课堂生态的功能就是指课堂生态系统内部各生态因子之间的相互作用或系统与外部环境之间的相互作用给系统内、外带来的积极作用,这种作用只能在系统与环境的相互作用过程中才会表现出来。结构和环境决定系统的功能。

课堂生态在形态结构上表现为教师、学生、课堂环境相互作用而形成的整体,在营养结构上表现为系统与外部环境的物质、能量、信息交换与传递,以及师生依靠教学活动完成系统内物质循环、能量流动和信息流通,维持系统的正常运行。在这样的结构和环境中,课堂生态系统会对系统组分、系统本身以及系统所处的环境产生怎样的作用?对此,不同学者有不同的认识。结合课堂生态的性能和生态课堂的表征,从系统对内部结构、内部关系、系统整体以及社会所产生的作用,可以归纳出课堂生态的四大功能:

1. 优化结构的功能

课堂生态的基本结构是相对稳定的,由课堂生态主体和课堂生态环境组合而成。课堂生态的营养结构也是比较清楚的,教师生产知识,学生消费知识,环境在过程中起着媒介的作用,在这点上教材扮演着重要角色,学生通过对教材的学习增强自己的知识,提升自己的能力。但是,随着人们生态理念的加强,许多固有的格局被打破,比如,教材不再是知识的唯一载体,网络和多媒体也成为重要的知识载体。教师不再是知识的唯一提供者,学生可以互相学习,环境本身也具有一定的教育功能。学生不再是知识的被动吸收者,而是知识的体验者、探究者、发现者和创造者。在这些生态理念的推动下,课堂生态因子之间的互动随之发生变化,课堂生态逐渐由传统型向建构型、共建型等新的生态结构演化,在此过程中课堂生态系统得到不断优化。

2. 调谐关系的功能

教师和学生是课堂生态里面的生态主体,他们之间的关系是课堂生态的重要构成。师生关系是流动的、互为依存的,通过课堂教学活动不断调整变化。生态视野下的课堂追求师生之间更多的交互,提倡学生更多的课堂参与,这些教学活动给系统输入新的动能,促成一种新型的互相尊重的和谐师生关系的诞生。此外,生态视野下的课堂打破传统课堂中教师和学生二元对立的模式,重视主体间性,强调学生与老师之间、学生与学生之间、老师与老师之间的多元互通。师生交互的过程中,必然伴随着情感的交流,情感信息在各种生态因子之间发生流动,形成情感交流的动态网络。学生的情感态度会影响老师的教学,老师的情感态度会影响学生的学习,师生在教学生态中不断通过反馈自我调整情感,有利于师生关系的和谐。同时,课堂生态中主体与客体的关系也通过系统的反馈不断优化,关系趋向更加和谐。

3. 促进演化的功能

生态系统的正常运行必须依靠系统与外部环境的物质、能量和信息交换以及在内部的流通，这是系统动力的源泉。课堂生态是一个社会生态，系统的能量并非来自太阳，而是来自师生的课堂交互活动以及系统外部环境的影响。良好的师生关系、好的教学方法、好的学习资源、正面的社会期待等都能对教学产生促进作用。系统的信息主要来自老师对外部学习资源的转化以及自身的生产创造。伴随着能量和知识的输入，系统内产生了驱动力、信息流和智能流，它们在系统内流通，促进了师生的成长和环境的优化，促进了系统的运行和自然演化。最初来自外部环境的知识和智能最终通过学生的消化吸收，以自己对社会的贡献等方式返回到社会大生态中。

4. 生态育人的功能

生态系统的最根本功能是提升生产力，课堂生态的根本功能是培育人才。这里的生态育人包含三层意思：①生态主体的共同成长。人是教育的核心元素，育人是教育的根本任务，所以课堂生态的功能归根到底是育人的功能。和谐与共生是生态课堂的根本属性，教师和学生的共同成长是生态课堂的最终目标。传统课堂主要关注学生的发展，生态课堂尊重生命的光彩，包括教师和学生。而且，教师的成长和发展又会反过来促进学生的成长和发展，生命的共同成长进入良性循环。②生态主体的均衡发展和可持续发展。传统课堂主要关注学业成绩，把学生当作产品批量生产，学生的能力提升和情感体验被忽略。现代课堂生态更加关注人的全面自由个性发展，提倡多样性共存。可持续发展指对学生的培养更加放眼长远，注重自主学习能力的培养和终身学习理念的传输，最终通过人的可持续发展促进社会的可持续发展。可持续发展是现代生态学研究的重要领域和重要思想。③育人方式更加生态、更加科学。

需要说明的是，系统的功能是由结构和环境共同决定的。系统的基本结构具有稳定性，但是系统的外部环境会发生变化，变化了的外部环境会对系统产生扰动，系统与外部的物质、能量、信息交换就会随之改变，系统与环境相互作用的过程和效果就会受到影响，最终导致系统功能异变。所以说，系统功能比系统结构具有更大的可变性。大学英语课堂生态具有一般课堂生态的特征，结构和功能相对稳定。但是，当信息化高校英语教学改革实施后，高校英语教学环境发生巨大变化，大学英语课堂生态被牵引到一个远离平衡区，系统的某些功能也就相应发生了改变，大学英语课堂生态出现了一定程度的失衡。

二、生态化高校英语教学的优化

（一）高校英语教学生态优化原则

1. 遵循可持续发展的原则

人类社会的可持续发展在很大程度上取决于生态主体，即人的因素，而教育作为社会大系统下的一个子系统担负着培育生态主体的重任，会对生态主体的观念、素质和行为产生巨大的影响。高校英语教学又作为教育系统中的一个子系统也应当肩负起育人的重任秉承可持续发展的原则。首先，高校英语教学生态系统作为一个可持续发展的系统，其优化应当以培养个体的可持续发展为目标，重点是使学生获得终身学习的能力，即学会如何学习、怎样学习。知识如同浩瀚的海洋，人类不可能掌握全部的知识，所能做的就是培养掌握知识的能力，只有拥有了这种能力，才能增强在社会中生存和发展的潜力，才能赋予个体旺盛的生命力。其次，从可持续发展的角度看，高校英语教学的优化不仅包括英语知识的传递与习得，更应该重视学生身体、心理的健全发展，忽视任何一方都会对另一方产生影响，不利于学生的健康成长。再次，教师、学生、环境和其他生态因子都是高校英语教学系统可持续发展的必要组成部分，教师或学生的发展不能以牺牲教学环境或其他因子的利益为条件，师生和其他各因子是一个统一整体，任何一个因子的缺失或损坏都会引起整个高校英语教学的紊乱，因此，高校英语教学的可持续发展应当兼顾全局，注重整体效益的发挥。

2. 遵循生态系统开放性的原则

生态系统在本质上是开放的系统，因为任何一个生态系统都必须保持着内外的开放，才能不断地进行物质、能量和信息的交换，才能够实现系统的生存和发展，保持其生命力。根本不可能有独立自主的生命，事实上一切生存之物都有依赖性。生命的真理就是它永远是不完善的、不确定的，因为它取决于它的身外之物。生命体越是自主，就越是不足；生命体越是放眼前瞻，它就越是需要外界组织和实践。由此看来，世界上不可能有完全与外界隔绝的生物，任何一种生物不可避免地与外界发生这样或那样的联系，生态系统也是如此，没有完全孤立发展的生态系统，生态系统的发展始终处于内外因子的共同作用中，开放性是生态系统的重要特征。

高校英语教学生态系统同样不是封闭的、孤立发展的，其开放性主要表现在以下几方面：一是生态主体的开放性。高校英语教学中的教师和学生都是拥有一定知识背景、生活习惯、思维方式的生命体，受不同的家庭和社会环境的影响，因而是具有不同生命特征的个体，因此，从这个意义上说系统内部的开放性是对每个师生个性特征、个体经验的开放。生态主体的个性特征和经验都会通过教学和学习活动得以彰显。一方面，师生之间、生生之间不断的交流与互动不仅促进知识的传递与吸收，而且也是生态主体情感交流的过程，是促进师生身心健康的重要途径。另一方面，由于师生都具有一定的社会属性，生态主体的知识建构不可避免地也会受社会因素的影响，并在与其他生态主体的交流中实现传递，从一定程度上讲，师生所关注的已经不仅仅局限于教材。二是生态系统的环境具有开放性的特征。首先，高校英语教学生态系统内部环境的开放性，只有营造民主、和谐的教学氛围，才有利于生态主体间的平等对话和交流。其次，高校英语教学系统与外部环境通过自然、社会、文化等方面的因素进行能量和信息的输入与输出，大学英语所涵盖的范围已扩大到社会、自然、文化等领域，是学生科学世界和生活世界的统一。再次，环境的开放性还指大学英语突破单一学科的限制，与其他学科、其他领域的知识进行交流互动，兼容并蓄。三是高校英语教学活动的各部分也应体现开放性的特征。首先，教学目标的开放性表现在摒弃单一的目标，根据不同学生的水平设置不同层次的教学目标，并且也不再是单一的知识目标，而是把学生的情感、价值、意志等素质培养囊括其中；其次，教学目标不再是预设的和一成不变的，而是随着师生的发展和具体的需要不断进行调整。教学内容的开放性主要指内容来源的开放性，教材已经不是教学内容的唯一来源，尤其是当代信息技术的高速发展不仅极大丰富了大学英语的教学内容和形式，也使师生都成为教学资源的开发者和创造者。教学形式上也应体现开放性的特征，不仅要有教学形式的多样化，也应设置与社会生活相关的各种教学活动，以提高学生语言运用的能力。

3. 遵循生态系统动态平衡的原则

生态系统的平衡指的是在一定的时间和条件下，生态系统的结构和功能处于相对稳定的状态之中。在相对稳定的生态系统受到外部干扰时，其各部分就会不同程度地受其影响，会发生生态系统结构和功能失调的现象，进而原有的生态平衡就会被打破，出现生态失衡现象。然而在外来干扰下，生态系统能够通过自身调节及人为的有意影响，达到更合理的结构，发挥更高效的功能，重新达到一定的平衡稳定状态。因此，生态系统总是处在平衡—不平衡—新的平衡的发展过程中，平衡是相对的，是动态发展的一个过程。

与自然界生态系统的动态平衡一样，大学英语生态系统与外部环境，以及大学英语生态系统内部各因子之间也是动态发展的，经历着从平衡到不平衡，再到重新平衡的过程，体现着各个生态因子力量的消长与平衡，物质、能量和信息的传递与循环。

高校英语教学系统的动态平衡首先应该体现在教学与外部环境间的平衡上。在目前基于计算机和课堂的新型教学模式下，学校应当为高校英语教学创造良好的教学支持环境，从硬件上来讲，要配备高校英语教学所需要的各种多媒体网络设备，并进行及时的维修和更新，保证学生的自主学习能够不受时间、地点和设备条件等因素的影响，切实提供充分、优良的环境和条件；从软件上来讲，要从培养师生正确的信息观念，切实提高教师掌握和运用信息技术的能力，完善教学服务体系等方面入手。只有保证了良好的教学环境、充足的教学资源才不会对大学英语的教学形成相应的障碍；在强大的信息技术和资源的支持下也有利于防止高校英语教学系统相对的封闭性、防止其与社会脱节，造成落后性；更有利于促进该系统内物质、能量和信息的有效循环，进而优化高校英语教学的功能。反之，缺乏良好的教学支持环境，教学服务跟不上、管理和运用不当就会给大学英语的教学带来滞后性，无法满足社会的进步和学生的需要，也无法实现大学英语自身的发展，因而会造成教学和环境之间的失衡。其次，高校英语教学系统内部的平衡也是动态发展的。这不仅体现在教学观念与教学行为、教学内容与实际需求、教师与学生等因子之间的相互制约与发展，也体现在教学过程中知识与情感的交流与碰撞中。一是世界上不可能有能够预测一切的教学计划，因为教学总是处在不断变化中的，会有突发状况的发生，随着学生知识容量的增加和知识体系的变化，其需要、目标和方向等都可能发生变化，这就要求教师、教学都必须做出相应的调整，处于一种生长、变化的过程，以适应学生主体的变化，也只有这样才能保证高校英语教学的稳定和发展。二是在教学与交流的过程中，生态主体之间难免会出现这样或那样的矛盾，然而也只有在师生共同寻找问题、发现问题、解决问题的过程中，才能达到师生之间的和谐、统一。这一过程不仅是知识的传承与发展，也是生态主体心理与情感的发展过程，是实现自我成长和师生共同成长的必由之路。

(二) 生态化高校英语教学优化策略

1. 以人为本，观念先行

"以人为本"就是要以"人"为出发点和归宿，是人的自然、社会和精神等方面的辩证统一。教学中的"以人为本"强调的就是"以学生为本"，一切为了学生的全面发展而服务。大学英语作为一门兼具工具性和人文性的课程，在其教学过程中尤其要树立"以学生为本"的思想，也就是说要"以学生为中心"和"实现学生的可持续发展"。

2. 关注学生种群内部的生命成长

学生是高校英语教学生态系统中最重要的生态主体，学生种群也在该系统内处于中心的位置，学生种群内个体能否健康成长，个体之间关系是否得到良性发展对于整个高校英语教学系统的优化起着至关重要的作用。存在于学生种群内的个体具有生命的差异性，虽然他们的年龄和专业相近或相同，但每个学生的背景、个性、爱好、价值观等都是不同的，每个学生都是一个不同于他人的生命个体，也正是因为个体发展水平的差异、认知能力的不同、情感态度的错落才使得每个学生都拥有自己的生态位。这就要求教师应当关注不同学生的生态位，根据不同学生的特点实施个性化的教学策略，有针对性地选择、设计教学内容和教学方法，因材施教，以达到学生个体生态位的优化。

同时，教师也应当认识到学生生态位并不是一成不变的，而是随着其他因子或环境的变化而变化的，这也要求大学英语教师在教学中关注学生种群内部的关系，利用生态位原理来优化种内关系。根据生态位的竞争排斥原理（高斯法则），教师可以按照教学和学生的具体需要，采取措施促进学生生态位的重叠与分化。在自然界，物种生态位的重叠会引起激烈的资源竞争，造成资源危机，大多数情况下是不利于该物种或系统的整体发展的。然而高校英语教学生态系统不同于自然界的生态系统，其中的很多教学资源是可以实现再开发、再利用、再循环的，因此，在具体的情况下促进学生生态位的重叠有利于学生个体的发展和高校英语教学的顺利进行。如教师可以通过采取学生合作学习的方式促进生态位的重叠。学生以小组为单位，采取共同学习的方式，同时参与教学资源的探索与开发。在这种情景中，学生虽然享有相同的材料和资源，但学生个体之间通过不断的讨论和交流不仅解决了问题，完成了学习任务，又学习了他人的技巧、方法和策略，同时还提高了交际能力，增进了友谊，丰富了学生的精神生活。同时，教师根据情况和需要也可以采取措施促使学生生态位的分化。因为学生毕竟是有着各自特点的不同个体，高校英语教学应当赋予学生展示自我、发展兴趣的机会，使学生充分发挥自己的长处，形成区别于他人、具有强大竞争力的生命个体。而且学生在学校学习中形成的知识结构、能力强弱、素质高低也在一定程度上决定了其在未来社会中的生态位。高校英语教学可以通过设置多种课型促进学生生态位的分化，根据学生的兴趣设置不同的选修课程，为学生提供宽松的学习环境和广阔的发展平台，使学生在不同的课型中找到自我，充分展现自己的才华，获得自我满足感，从而有利于学生树立自信心，有助于其认清自己的潜力，明确发展的目标，促进学生成为具有鲜明的个性特征和创造力的生命个体，同时这也是对学生个体生态位的尊重，是促进学生学习生命发展的有效途径。

高校英语教学促进学生种群内部的生命成长还应当促进学生"自组织"能力的发展。生态系统的自组织指的是系统不受外部的影响，能够通过内部各生态因子相互作用，形成有序结构的动态过程，换句话说也就是系统拥有自我调节的能力。学生个体本身也是一个生态系统，在遇到外来干扰的情况下，学生并不是被动的做出反应，而是可以发挥其自我调节的能力，做出自我调整。在纷繁复杂的资源面前，学生可以利用其自组织的能力剔除不利于知识建构的信息，而对于有价值的信息又可以在已有的知识结构上进行融会贯通重新建构自己的知识体系，教师应创造机会和条件促进学生自组织能力的发展，而这一过程也是学生学会学习的过程，具有重要的意义。

充分利用"群体效应"促进学生种群内部的生命成长。大学英语中学生种群内的类型有正式群体、非正式群体和半正式群体等，群体内和群体间交往的模式和形态对学生个体的发展和高校英语教学的开展都起着一定的作用。应当利用群体中积极因子的作用，发挥其影响力，带动整个群体，形成良好的氛围；应当重视群体中的具有消极作用的因子，采取措施消除其负面作用。教师应当充分了解高校英语教学中所形成的各个学生群体，对其进行因势利导，充分发挥群体凝聚力的特点，促进成员间的互帮互助、相互学习、相互监督等，发挥群体的效应。

3. 重视种间的协同进化

高校英语教学系统是一个由生态主体、教学要素、信息技术和环境因子等组成的有机体，其中任何一个因子的变化都会引起其他因子随之发生相应的变化，这种相互作用、相互影响的进化关系即为协同进化。高校英语教学作为一个完整的系统，只有其内部各因子（种群）协同发展，才能使整个生态系统达到平衡稳定的状态，而对高校英语教学系统进行优化就必须重视各因子，即种间的相互作用，促进其协同进化。

大学英语教师和学生是该系统内最主要的生态主体，也是最重要的种群，因此必须处理好两者之间的关系，建立生态化的师生关系，实现师生的共生和协变。共生指的是教师和学生互为条件和依托，师生任何一方的变化都会对另一方造成影响，所以应当以师生共生为目标，建立新型的师生关系。生态学指导下形成的师生关系应当是民主、平等、交往和对话的关系。师生之间应当拒绝上下级关系，进行平等对话，通过沟通和交流表达自己的意见和观点，并通过共同学习形成新的观点。在整个过程中，师生是一个整体，学生和教师都拥有参与权和表达权，享有平等的地位和权利；教师再也不是教学的权威，学生变为自己学习的主人；教师和学生相互尊重、相互促进、共同发展。此外，还应当重视师生情感的协变性，实现协同进化。教师教学中如果精神饱满、情绪高涨，在教学中就会感染和带动学生，激发学生的学习热情，相反，如果教师情绪低落，在教学中会让学生产生倦怠感或抵触情绪；反之亦然，学生在高校英语教学中的精神状态也会影响到教师的教学情绪和教学能力的发挥，因此，在教学中，教师应当充分发挥精神或情感的作用，构建宽松、民主、平等的心理环境，建设深厚的师生情感，以此推动两者的协同进化。

促进种间的协同进化还必须摆脱限制因子的作用，争取变限制因子为非限制因子。在高校英语教学中所有的因子都有可能成为限制因子，通过对山东省三所高校的调查发现，教室过大或过小会成为制约师生情感建设的限制因子；教师观念陈旧、教学水平不高、信息技术使用能力差，都有可能成为影响教学顺利开展、制约学生发展的限制因子；教学经费的短缺会成为制约高校英语教学资源环境建设的限制因子；计算机多媒体等教学设备的更新维护滞后会成为影响新教学模式推行的限制因子；学生如果对大学英语学习持有消极态度、运用不当的学习策略等也会成为影响自身发展的限制因子。可见，在实际的教学过程中，各因子都有可能成为影响高校英语教学的限制因子。面对这种情况，师生要发挥主观能动性，善于查找和分析限制教学及学习的因素，加强师生的交流合作，创造条件，共同消除限制因子的影响，优化种间关系，推动高校英语教学的动态、良性发展。

第三节 基于自主学习理念的大学英语教学方法

一、高校英语自主学习教学策略研究

(一) 高校英语自主学习教学准备策略

教学是一种有目的、有计划的活动,在活动之前,教师需要进行必要的准备,在头脑中或书面做一个计划。足够的课前准备是有效教学的前提,学生一届届更换,知识一天天更新,即使教授同一门课程,教师仍然需要认真备课,以加强教学的针对性,可以减少教师教学时的不确定感,找到一种方向感、自信心和安全感。教师也可以借此过程进行学习、收集和组织材料,安排时间和活动顺序;制订计划还可以直接运用于教学。

1. 确立大学英语自主学习的教学目标

教师在活动之前如何进行计划,主要有两种不同的取向:一种是"整合计划"模式;另一种是"目标—手段详细计划"模式。这里采取第二种模式,其是一种技术性、策略性的取向,它先把宽泛的目的一步步地分解为具体的目标,然后根据详细的目标选择、组织教学内容,选择合适的教学行为,教学组织形式,形成详细的教学计划,即教案。

大学英语教学是以英语语言知识与应用技能、学习策略和跨文化交际为主要内容,以外语教学理论为指导,并集多种教学模式和教学手段为一体的教学体系。大学英语的教学目标是培养学生英语综合应用能力,特别是听说能力;使学生在今后的工作和社会交往中能用英语有效地进行口头和书面的信息交流,同时增强其自主学习能力、提高综合文化素养,以适应我国经济发展和国际交流的需要。教学目标是教师进行教学活动的指南,教学目标与学生的学习目标应该是相同的,让学生对目标认同并真正理解,让学生积极参与目标的制定,发挥其主动性。

2. 大学英语教学中教学材料的加工

无论是自己编制所教课程内容的教师,还是根据已经规定好的内容进行教学的教师,根据教学的意图或目标对可得到的材料进行编制、研究和分析都是进行准备工作中不可少的环节。教学材料是指教学内容的各种形式的载体,教材是实现课程标准和确定教学目标的重要保证。为了打好语言基础,培养语言应用能力,提高文化素养,教材应为课堂教学提供最佳的语言样本和有系统性、有针对性的语言实践活动的材料。教师要充分利用教材所提供的语言材料组织好课堂教学和指导学生课外自学。

高校外语教学部的教师可以采取集体备课的形式,教师结合教学大纲及教学计划对所教科目知识的性质及所面对的学生的需要、兴趣、能力水平和学习与思维习惯的特征进行深入的了解。在此基础上,高校集众人的智慧共同编制开发补充教学的相关课件和辅助教材,根据教学对象的实际特征选择和组织相关教学内容,以便教学材料更好地适合教学情景。教师可以结合信息技术手段在课堂上以声、像、图文等多种形式为学生提供教学内容,这是对教科书更好的辅助和补充。其外观、版式设计色彩鲜明,内容贴近现代生活,围绕学生这个主体向外扩展,让学生在学完一个单元后懂得自己能做什么,到相同的情境该怎么去听与说，在不知不觉中提高听说技能，消除可能产生的心理问题和听说障碍。相比之下，传统教材却很容易给学生以较为呆板的印象：一幅图、一段材料、一个生词表、几道练习，色彩单一，排版单调，学生不感兴趣，对英语学习的兴趣就会降低。教学课件与教材有机地结合，为我们展示生活中方方面面的知识，提供诸多与学生身边现实生活有关的话题，可以促进学生对语言知识的运用能力。

3. 教学行为的选择

根据教学目标或教学意图，教师对教材进行选择与确定等处理后，还必须考虑选择什么样的行为才是适当的。

选择教学行为的依据：

（1）教学目标或教学意图。每节课都要针对认知领域、情感领域和动作技能领域，有一定的目标或教学意图，采取何种教学行为要与教学领域及要达到的学习水平联系起来考虑。在促进大学英语自主学习教学中，主要着眼于学生的自主性，教师以指导的形式为学生提供学习情境，创造学习条件，让学生主动参与教学活动，促进英语综合能力运用。

（2）认真研究学生。学生是学习的主体，教学的有效开展依赖于学生的参与。所选择的教学行为要与学生的认知水平、经验水平学习风格相符合，当某一方式适合学生的能力、需要和兴趣时，他们会感到非常自如，并且学习效果最好。大学生的认知发展已经具有丰富而完备的学习策略，大学生的自我已成为其发展的主体和主要执行者与监控者，在学习方法上对自主性要求较高，在选择的教学行为时都应有所考虑。

（3）教学行为选择。在进行教学行为选择时，还应该把环境因素考虑在内。诸如可用的空间及各种信息技术手段等。

4. 教学组织形式的设计

教学组织形式是指教学活动中教师与学生为实现教学目标所采用的社会结合方式。它与教学行为紧密相连，需要同时考虑。课堂教学组织形式基本分为三种：一种是全班组织形式，通常称班级授课制；一种是分组组织形式；一种是个别组织形式。教学组织形式可采用不同教学组织形式相结合的方式，如根据内蒙古师范大学实际教学情况，现在采取了下列教学组织策略。

（1）分层教学。大学阶段的英语教学要求的三个层次，课堂教学面临改革的首要任务，就是以学生客观存在的差异为前提，设计不同层次的教学内容，改革教学模式，使每个学生在最适合自己的学习环境中求得最佳的发展。在实际教学中，教师既要照顾起点较低的学生，又要给基础较好的学生有发展的空间；教师要能使学生打下扎实的语言基础，又要培养他们较强的实际应用能力；教师既要保证学生在整个大学期间的英语语言水平稳步提高，又要有利于学生个别化的学习，以满足他们各自不同的专业发展需要。

（2）大学英语自主学习课程类型设置。建立大学英语基础综合类课程和全校大学英语选修课程的课程体系，该课程体系不仅包括传统的面授课程，更注重开发基于信息技术环境的大学英语课程，将综合英语类、语言技能类、语言应用类、语言文化类和专业英语类等必修课程和选修课程有机地结合，形成完整的大学英语课程体系，以确保不同层次的学生在英语应用能力方面得到充分的训练和提高。

促进大学英语自主学习教学中，学生周学时数保持在 7 个学时，采取课堂面授和自主学习相结合的方式进行教学。课堂面授教学由 2 种课型构成，即读写译课和听说兼辅导课。其中读、写、译的大课堂采取班级授课，可以使教师同时为许多学生授课，每周安排 2 学时，以教师指出教学难点、重点，并串讲课文等方式，帮助学生掌握基础知识，透彻理解每篇文章的文化内涵，从而提高英语阅读、写作和英汉互译的能力；听说兼辅导课采取小组组织形式，根据不同层次每个班分为 3 组，每组 12 人左右，每周每组学生安排一次面授辅导。这种方式适合学生个别化学习，可以增强小组成员互相激励与合作学习，以师生、生生交流，教师指导的方式，对每单元课文和网上学习内容开展主题讨论或合作活动，重点培养和提高学生口语表达能力；同时对学生课下网上学习的进度和程度进行督促检查，随时掌握学生网上的自学效果，答疑解难，个别指导，并根据学生的学习效果决定学生是否可以继续学习。此外，学校建立自主学习中心配置语音输入输出系统，为学生提供上机进行听说、作业的训练，为学生创造自主学习环境。这种形式允许学生有比前两种组织形式更灵活的学习进度和时间安排。

5. 教案的形成

教案是为课堂教学而准备的书面计划。它本身涉及的问题很多，不仅包括以上所介绍的各个方面，还包括教案的一般规范问题以及对教学困难的预测，需要教师结合实际教学内容和对象，进行科学的设计。

（二）高校英语自主学习教学实施策略

1. 英语听力与阅读教学策略

听力是听者积极主动地接收目标语言，理解、筛选有用信息并存入长时记忆，逐步扩大听觉渠道的一个过程。

在心理语言学的研究中，阅读是一个信息加工的心理过程，读者利用视觉信息自下而上对文章的字、词、句进行解码，逐步理解整个语篇的意思；读者也可利用已有的背景知识，自上而下地预测内容。在阅读过程中二者常交替综合使用。听力与阅读材料是一定社会和文化的产物，需要一定的文化与社会背景来真正全面理解内容。信息环境下大学英语教学就是利用以多媒体计算机为核心的信息技术和资源所构建的大学英语教学活动，传授基于信息技术的大学英语听读的基本知识、基本技能、培养学生利用信息技术获取必要的外语听读的能力，使学生从中感悟计算机文化的丰富内涵，扩大学生的文化视野和言语信息的输入或输出。信息技术的发展为多媒体辅助大学英语阅读教学提供了良好的条件。同传统印刷文本的阅读教学相比，多媒体可以将文本和声音、图像等其他媒体结合，形成一种综合信息，增加学生阅读的兴趣。由于多媒体带有内置帮助手段，如在线词典、在线词汇表、句子解释、电脑发音等功能，学生更容易理解阅读的材料。另外，多媒体辅助大学英语阅读教学的另一个优势就是它的"可改变性"。学生可以直接在电脑上对电子文本进行修改、复制、重组，使阅读活动不再是单向的交流，而是一种文本与读者之间的互动、对话。这种双向的交流，更容易实现学生的自主学习。

基于阅读和听力二者都涉及接收、处理信息的过程及社会文化背景对理解力的影响，我们认为对这两项技能进行训练时，以下三种策略比较重要。

（1）建立、扩展图示策略。建立、扩展图示策略指在听力、阅读教学过程中要训练学生形成与听、读材料有关的背景知识，增强对篇章的联想、制约和理解。教师要提供机会以唤起学生已有的背景知识，同时还要拓宽与信息相关的背景知识。该策略主要使用于听力、阅读课教学的引入阶段。

在教学过程中对不同文化、不同价值观和不同道德标准之间进行对比，利用信息技术的视频、音频、动画效果或实物、图片等建立图式，帮助学生理解听读材料，或为学生提供相关背景知识材料。如在听、读之前，组织一些以提高背景知识为主的课堂活动。学生对听读材料的背景知识知道得越多，理解的程度就越深。背景知识对于英语语言水平较差的学生来说尤为重要。这些学生由于低层次处理技能即语言符号识别和句法结构认知能力欠佳，导致他们常逐词逐句阅读且断断续续，而启动和建立背景知识属高层次处理技能，如借助于丰富的背景知识，就可以弥补这些不足。信息技术为我们在教学过程中生动地展现或导入背景知识提供了便利。

（2）训练学生听、读技巧，授人以渔策略。训练学生听、读技巧，授人以渔策略是指教师在听力与阅读教学过程中要训练学生，使其掌握运用高效听、读技巧，提高听读理解能力。该策略在听读教学中以完成任务方式进行。大学英语教学中该策略通常训练以下几种技巧：①猜测技巧，指听读者根据已有的背景知识或图式的建立，高效地预测所要听读内容的技巧。②寻读特定信息，这一技巧使人们能很快获得某一条或几条特定信息。③略读大意，指无特殊目的，只需了解材料大意和中心思想。④识别功能、话语结构技巧，指学生通过识别特殊符号，进行有选择地听、读，提高听读效率的技巧。⑤根据上下文猜测的技巧，指学生对阅读过程中所出现的生词和较难的句子能通过上下文猜测其意思的技巧。

（3）丰富语言输入策略。语言课堂教学活动可分为两大类，即为学生提供语言输入类和鼓励学生运用语言类。语言输入靠听和读，语言输出靠说和写。输入输出关系密切，相互促进。通过听和读，输入的语言材料和语言知识越丰富，越有利于输出的准确、流利和多样化。教师要广泛收集、选择适合学生程度且不局限于教材的，语言地道准确的多种听读材料，为学生提供尽量多接触真实语言的机会，通过大量的听、读活动训练学生的听读技巧。在教学过程中，教师可以充分利用信息技术手段，采用英语小故事、幽默、笑话，听英文歌曲，或用英语报告重大新闻等方法来训练学生的听读能力。

2. 英语口语和写作能力教学策略

口语和写作是基本的语言表达形式。语言教学的中心任务是培养学生通过听、读获得信息，以说、写表情达意、交流信息。学生开口说英语的最大困难是心理障碍，如害羞、怕出错、缺乏自信心等。克服心理障碍的有效方法就是创造轻松、愉快的课堂气氛，鼓励学生大胆开口。

（1）教学过程交际化策略。教学过程交际化策略是指教师有针对性地训练学生说、写能力时，其教学过程应强调交际训练的成分，让学生进行真实的信息交流。教师可以提供背景，学生进行模拟交际，让学生自由思维、自由创造，在给定的背景下自由表达，从想说到想说好。如借助信息技术在线聊天和电子笔友等功能，为学生创造一个真实的说、写语言运用环境。在与英语国家的学生笔友通信往来时，学生听、读到的是地道的英语，还有对方独特的思想观点。与英语国家学生通信本身也是种跨国文化交流，使学生直接接触异国文化，这必然有助于学生英语语感的形成和跨民族文化意识的培养。电子邮件写作具有灵活性和高速性的特点，提供适时远程交互。

（2）巧妙处理语言错误策略。巧妙处理语言错误策略指教师应树立正确的语言错误观，正确看待学生表达中出现的错误，在不同阶段、针对不同学生、按错误的程度区别对待语言错误，引导和帮助学生改错。教师要及时引导学生看到自己的进步，加以鼓励。许多研究表明，害怕错误的学生常在口语练习中保持沉默，或在写作中机械照抄课文原句，教师在纠错的过程中，要帮助学生树立自信心。

（3）练习方式活动化策略。练习方式活动化策略，指教师有目的地设计语言表达练习活动，为学生运用语言提供足够的机会，而不仅仅是单纯的语言形式机械重复。可通过开展英语游戏、演出，举办演讲、竞赛等活动，使学生运用课堂以外的信息、经验和知识，不知不觉中运用学过的语言。

3. 英语词汇语法教学策略

词汇语法在英语中起着重要的作用它们在语言课堂教学中不仅有用，而且对加快学习过程至关重要，是帮助学习者达到较高外语水平的重要途径。词汇语法教学以提高学生的外语交际能力为目标，教学重点放在如何使学生在特定的语言环境中，为实现交际功能正确而又得体地运用这些语言形式。

（1）完整步骤化教学策略。完整步骤化教学策略指教师在进行语言形式教学过程中，应策划一系列完整、有步骤的教学活动。学生通过这些步骤掌握语言知识，最终达到运用语言形式进行交际的目的。

（2）训练有效记忆策略。训练有效记忆策略指教师在进行词汇教学时应有意识、有目的地训练学生运用有效的记忆方式和技巧，提高记忆效率。这类训练在学生已掌握部分词汇基础上，有助于进行词汇扩展或加深记忆。

（3）整理归类、区别对待策略。整理归类、区别对待策略针对词汇教学来讲是指教师要区分主动性词汇和被动性词汇，应采取不同的教学手段，提出不同的教学要求。教师应引导学生对词汇适当进行分类，按同类的转化、派生、及一词多义、一义多词、近义词、反义词等帮助学生整理词汇，达到巩固的目的。在词汇较多或复习阶段，运用该策略可以帮助学生在大脑建立词汇间相互多重联系以巩固和加深记忆。

（4）比较概括策略。比较概括策略针对语法教学来讲是指教师要适时对所出现的语法现象进行对比、分析、归纳、总结，加强对语法现象的理解与掌握。借助信息技术可用图表、故事等方法对语法进行总结。

（三）高校英语自主学习教学评价策略

教学评价是指教师通过收集教学过程中的信息，进行判断和决策反馈和调控的过程。在全面推行素质教育的今天，对学生学习的评价意味着具有多种功能的综合性的评价。要根据教学大纲的教学目标和不同阶段的教学内容，结合学生的实际，通过教师和学生的通力合作，对学生的情感、态度、能力和学习策略在学习中的发展和改进予以评价。全面、客观、科学和准确的多元测评体系对于实现教学目标至关重要。学生是学习过程中的主体，利用信息技术的主要目的是向学生提供学习的途径、资源和方法进行自主学习，使之获得知识与技能最终使其得到发展。评价不是为了选拔和甄别，而是如何发挥评价的激励作用，关注学生成长与进步的状况，以此来促进学生的全面发展。在新的课程标准中强调培养目标和评价内容的多样性，提出知识与技能、过程与方法、情感态度与价值观等各个方面都是评价的内容，并应受到同等的重视。它要求做到知识与技能、过程与方法、情感态度与价值观三个方面的整合。

教学评价是双向的，随着评价理论的发展，越来越多的吸收被评价者参与。自主学习是充分发挥学习者主观能动性的学习，其学习评价的主体将不再局限于教师，学生将积极参与学习评价。学生的积极参与是进行评价得以顺利进行的保证，信息环境下促进大学英语自主学习的教学，采用的是过程性测评和终结性测评相结合的评价策略。

1. 过程性评价

过程性测评又称形成性评价，是在教学过程中进行的评价，是为引导教学过程正确前进而对学生学习结果和教师教学效果采取的评价。该评价的目的不是选拔优秀学生，而是为了发现每个学生的潜质，强化改进学习，并为教师提供反馈。可以采用学生自我测评、学生相互测评及教师对学生的评价方式。

2. 终结性评价

终结性评价又称总结性评价，指在教学活动完成一个阶段（一学期、一年或一门学科学习结束）之后，对其结果进行的评价。其主要目的在于检查、总结教学目标的达标情况，评定学生的学业成绩，评定教学方案的有效性。高校采用终结性测评进行期末课程考试，对学生的学习结果进行判断，测定或诊断学生是否达到教学目标及达到的程度，是以终结性评估为目的，以评价学生综合应用英语的能力为主导。高校大学外语部正在建立测试题库，减少选择性作答题的数量和权重，增加直接测量英语应用能力题型的数量和权重，以提高总结性测评的信度与效度，准确评定学生的学业成绩。

二、高校英语自主学习教学模式的构建

（一）构建高校英语自主学习教学模式的流程

1. 操作前的准备

教师的准备工作：以学生为中心的自主学习过程需要教师做好前期工作，其中最为重要的是要清楚知道学生的情况，包括学生的现有知识水平、清楚学生学习的需求以及制订相应的教学计划。这三个条件对自主学习下的英语教学准备是十分重要的。教学准备不仅涉及教师本身的专业能力，更对教师课堂教学成功起到了至关重要的作用。

学生的准备工作：学生需要在课前做好功课的预习工作，提前了解这一节课的主要内容，找好与这一节课内容相关的材料，尝试用英语自己读一遍，做好相关的笔记，以便上课时同学之间的讨论能更加顺利地进行，教师的讲解能更容易理解。

教材的准备：作为课堂教学的物质条件，多媒体课件的准备也作为一种教材形式是不可或缺的。当然，教师要首先熟悉教材的内容，做出适当的情境创设；其次，教师要找出适合这堂课的课外阅读材料，增强学习内容的实用性。

2. 操作中的准备

高校英语自主学习的教学模式在教学中要达到目标，可以分为以下几个步骤：

第一，教师创设情境，布置任务阶段。

普通的导入环节并不能满足自主学习的内在需求，导入需要教师别出心裁地设计，教

师要找准切入点，创设让学生感兴趣的情境，才能使得学生感兴趣。在充分了解学生能力水平后，提出问题让学生自行准备，创设出的情境才能为学生做好下一阶段的铺垫。

第二，学生主动要学阶段。

受到教师的启发诱导，学生在产生浓厚兴趣后，可以自发的主动想要满足内心对知识的需求，遇到不懂的单词句型，学生会主动去翻阅字典，想要彻底明白这个课文究竟讲了什么内容，进而才能在此基础上自己去搜索相关的文献材料，争取在课堂讨论中有话可说。

第三，学生有独立能力自主学习阶段。

有能力自主学习是课堂之中开始接触知识核心的一部分，学生终于不再徘徊在生词阶段，可以自主学习教师交代的任务。这是自主学习教学模式的一个重要探索，也是自主学习的关键所在。不同层次的学生都有能力在这一阶段学习到不同层次的知识，体验到学习的乐趣。

第四，学生自主要求学习的阶段。

这个阶段学生完成了教师布置的任务，无形中增强了自信心，为真正意义上的"独立"打下了基础。这一阶段，学生通过自主学习、思考、主动通过各种方式去搜寻答案，进入了展示成果的阶段。在讨论的过程中，每个学生根据自己的理解与同学们进行探讨，更在探讨中相互交换所学的知识，达到了自主要求学习的功效。

3. 操作后取得的成效

（1）学生自主性增强。学生的自主性在整个学习过程中明显增强，不仅包括自我约束，也包括在学习上的自我促进。学生的内在学习动机使得他们不甘落于人后，他们在上网打游戏的时候，看到了别的同学仍在自主学习，这就使得他们不敢懈怠，最后形成了良好的学习氛围。

（2）师生互动增进感情。教学过程中，师生关系对教学成效的影响十分大。时常听说哪位学生不喜欢哪位教师，那么他的这门功课就会很糟糕。这也与高校里师生关系的疏离有着密不可分的关系。对于成年人的大学生来说，他们不需要像中学时期一样事事束缚他们的教师，但是反之，他们也不希望像没人管的孩子一样得不到关注。在自主学习教学模式的建构下，学生就不懂的问题请教于教师，教师也愿意看到学生积极学习、配合他教学的学生，课堂活动开展起来也变得更顺利。

（二）构建高校英语自主学习教学模式的具体策略

1. 改变教育者和学习者自主学习理念

当今社会正处在高速发展的信息时代，互联网资讯已经对整个教育的体系产生了不可忽视的影响。因此，必须首先改变教育者和学习者自主学习的观念。

（1）学校树立终身学习的教育理念。学校的管理层作为一个学校的领头羊，应该不断接收和接纳新的信息、新的理念，并不断更新、不断创造。这个世界永远不变的就是变，思则变、变则通，永远将最新最实际的教育理念运用在包括教学工作在内的学校所有工作中，一切工作以教学工作为核心，教学工作以学生为核心。

（2）教师改变教学理念。教师应改变自身观念，在教学活动中，教师应向学生传授学习知识的方法。授人以鱼不如授人以渔，此外"教"的最终目的是"不教"。尤其在这个互联网高度发达的信息时代，学生可以通过多种途径来获取知识。但是如何有效地、准确高效地去学习，才是信息时代下教师应该要做的。教师需转变传统观念，去引导学生学习而不是灌输知识，去培养学生的自主学习能力而不是一味追求成绩和考试通过率。每一个学生的学习情况不同，这就要求教师针对每一个人来制订学习计划和选择学习方法，这对教师来说也是一个挑战。

（3）学生改变自主学习理念。学生在以往的学习经历中，一直是处于被动接受的地位，久而久之，他们失去了主动学习的积极性和观念。而大学阶段的学习更多地需要自主和自律，教师教授的知识有限，更多的知识和资讯需要自己去寻找、去发现、去学习、去研究，把自己放在学习的主体的位置上，不能过多地依赖教师。在这个阶段，教师仅仅只是扮演引导者和协助者的身份。学生改变自主学习的观念，并在教师的指导下选择适合自己的学习方法，才能真正地将学习变成一种好的习惯。

2. 加强学生在英语学习过程中的协作学习

在英语自主学习中，自主学习并不意味着一个人的独自学习，相反，互动、协商、协作和小组学习能更好地达到自主学习的效果。协作学习就是一种通过小组或团队的形式组织学生进行学习的一种策略。小组里每一个成员将其在学习过程中探索和发现的知识和信息和小组成员共享，影响其他成员并达成一致，甚至可以影响到整个班级的学生。在教学过程中，教师只需给每个小组制定共同的目标，然后把主动权交给学生。在一定的奖励或刺激条件下，每个小组都会为达成共同的目标而互相合作、互相学习、取长补短。比如可以创设学生之间或小组之间的竞争、辩论、合作、解决问题和角色扮演等情境，在网络平台提供的远程交换环境下，利用任务驱动式学习，如完成课文背景或相关文化背景情况的调查，相互评价自学学习的结果，使同一小组内的各个成员或者是各个小组针对同一个问题的不同方面进行探索，协作交流，共同解决问题，最终完成任务，达到自学学习的目标。

3. 发挥教师专业化培训的引导作用

自主学习也不是放任不管、任其发展。教师在学生英语自主学习的过程中起到很重要的组织和引导作用。首先，最重要的就是教学目标，这是大方向。其次就是有效的、按部就班的指导，指导学生如何学习，往哪个方向去努力。同时教师还要帮助学生提高发现问题、分析问题和解决问题的能力，团队协作和沟通交流的能力等。

新课程改革用其不可比拟的发展性和创新性重新激起了大学教育从业者的热情，英语教师将要与探究、自主、合作的课程文化和崭新的教学直面碰撞。在科技创新、教育思维活泛的当代，教师自身专业技能的强化，既可以说是从根本上保证了教学的质量，也从内部支持着教育事业的发展，让学校能够长久的发展，还能把学生的潜在能力挖掘出来。目前我国大学英语教师还没有很好的专业化发展。

（1）树立教师自主发展的理念。从整个国家环境来说，20世纪中期逐渐兴盛的教师专业化运动从本质上来讲就是一场以提高教师生活品质的运动。从21世纪初期开始，世界各国教师发展非常关注教师自身的发展和体验，这是一种颠覆性的转变，这就表明教师不再是单纯的社会需求，更实现自身价值的方式。这就表示教师工作不再是他们单纯的谋生手段，而转变成了他们的一种生活方式。坚持持续发展是教师自我发展的一种仪式，贯穿于每个教师一生，每个人除开天生技能之外，另外的技能都是靠学习来维持并生活下去的。所以，持续不断地学习是教师必须做到的，然后教师才能够获取其他的生存能力，如专业能力、知识技巧等，这就表示教师自我发展要得到保证，终生求学是必然之路。通过在职教育来学习教师发展理论，了解教师自主进修的详细内容，能够在思想上形成一个基础认知，进而与自身的行为进行对比，只有从根本上认同自主发展，强化自主发展意识，养成主动观念，充分发挥主观能动性，才能够让其成为教师专业发展的内部持续动力。

（2）自觉反思，做反思性实践者。教师专业化发展受到众多因素牵制，其中自我发展意识与教学反思能力至关重要。自我反思就是要求教师把自己的教学活动当作研究对象、坚持不放弃、自觉主动地去分析和思考自己的教学实践环节和教育教学理念，以此来发现存在的问题，并不间断地去改进。

4. 提升英语自主学习环境

大学生创业创新目前很流行，在这样的外部环境下，将创业创新教育融入英语自主学习模式中来培养大学生的英语自主学习能力。可以开展情境化的英语学习体验，让大学生通过在这样的语言实践活动中进行沟通、互动、合作，进行英语的输出，发挥大学生的创造性，激发自主学习的动机。学习与实践相结合的自主学习英语模式能够很好地提高学生自主学习英语的能力。

网络、通信技术的迅速发展也大大地促进了传统英语教学方法的改善。英语在网络环境和多媒体技术中有了较好的学习和交流平台。学生可以最大限度地提高其自主学习能力。教师将网络技术视作英语教学模式的支点，利用现代信息技术的超文本性、互联性和互动性等极大地弥补了传统大学英语教学的不足。使学习英语变得更加轻松和愉快，不再是以往的枯燥无味。在计算机网络多媒体技术的支持下，充分利用网络社交的功能，可以使以学生为主体的学习氛围得到很好的体现，使学生自主学习的能力得以培养和提高。所以，面对现代网络多媒体环境，教师要将其优势和功能最大限度地发挥出来。

第四节 基于"产出导向法"的大学英语教学方法

一、"产出导向法"在高校英语教学中的实施策略

（一）设计驱动性输出任务

1. 驱动性的输出任务设计的教学流程

（1）教师任务。

①设计真实、符合学生语言水平的输出任务。根据课程教学目标，教师需要在课前设计口头表达、笔头表达、口译或者笔译任务，甚至是结合多种产出活动的综合任务。这些任务需符合两个基本要求：一是具有交际真实性；二是语言难度适当。要做到这一点，教师不仅需要熟悉英语教学内容，也需要了解学生的实际语言水平。所设计的任务可小、可大。有的任务2节课或4节课便可完成，有的则需要8节课甚至更长课时才能完成。较少课时完成的任务可用英语称为"task"，较多课时完成的任务可用英语称为"project"。这

两种任务类型分别和任务型教学法（task-based approach）及项目型教学法（project-based instruction）中提到的任务与项目有相似之处。

②提供恰当的新输入材料。教师提供新材料的主要目的是帮助学生补充完成输出任务所欠缺的语言知识。因此，输入材料的适切性非常重要。材料与输出任务吻合得越好，学生学习的积极性就越高，吸收新知识的效率就越高。输入材料可以是一篇，也可以是几篇；可以是阅读材料，也可以是视听材料。需要说明的是，教师应根据任务类型来提供输入材料。

③提供适当的输出帮助。教师可采取多种形式向学生提供输出帮助。例如，与学生讨论输出活动中语言和内容组织方面的困难，了解学生输出准备的过程和结果，审读学生所做的 PPT。教师在提供帮助过程中要充分发挥其"脚手架"作用。传统教学对学生产出能力的培养通常遵循"practice makes perfect"的理念，只是为学生提供实践机会，要求学生多练习，基本教学过程通常包括教师布置任务、学生练习与准备、学生演示和教师评价。教师在教学中更多地起着"法官"的作用，评判学生的表现，整个流程缺乏教师具体指导学生的环节。输出驱动教学过程中，教师备课时需要细化自己搭建脚手架的具体步骤和内容，以便自己监控与评估所提供帮助的有效性，确保学生的能力得到逐步提高。

④给予有针对性的反馈

目前教学中普遍存在的问题是，教师对学生完成的口头表达任务评价空泛，对听众的表现置之不理；对学生完成的笔头表达任务过多注意语言形式上的简单错误，忽视语义表达的准确性和内容组织的逻辑性这样更复杂的错误。导致上述问题的原因很多。以口头表达任务评价问题为例，其产生的主要原因是教师事先对学生所要口头报告的内容不知晓，缺少事前准备，自然临场难以对报告的学生做出恰当反馈，也无法控制听众的行为。因此，学生进行口头报告之前，教师一定要了解口头报告的内容。即使师生不能在课前进行面对面的交流，教师也应该要求学生将口头报告的内容提前发送到教师邮箱，以便充分考虑如何给予恰当的评价，并事先设计任务，确保听众的有效参与。

（2）学生任务。

①尝试完成输出任务。这里强调的是输出任务的尝试性，学生出色完成任务不是此时应追求的目标。如果学生能够说出自己在输出过程中的困难所在，列出自己语言知识的不足之处，他们的任务就算尝试成功。

②学习和寻找新语言材料。这里与平时处理精读或精听材料的方法有所不同。学生要根据输出任务的要求，从提供的材料中尽快找到解决问题的答案。如果所提供的新材料还不足以解决所有问题，他们应该将问题记录下来。解决问题的方案有两个：一个是等到下一环节与教师见面时，再向教师讨教；另一个是自己查询图书资料，搜索网络信息，或向其他同学寻求帮助。

③准备语言的产出活动。有的任务是单项"task"，有的任务是系列"tasks"组成的"project"；有的是单人活动，还有的是小组活动。鉴于输出任务的类型和规模不同，参与的人数迥异，准备方式也应有所区别。任务一旦需要两人以上参与，就要配备协调人。协调人负责整个输出任务的分工和监控，确保工作量均匀分配和任务顺利开展。口头表达任务的准备工作大致分 3 步进行：组织内容、制作 PPT、预演。笔头表达任务的准备工作则

大致包括：谋篇布局、撰写初稿、反复修改。

④展示与欣赏输出成果。学生既要展示自己的输出成果，又要学习其他同学的输出成果。如果准备工作做得充分，展示时报告人、听众和教师各有贡献，最终就能形成合力，共同提高展示效果。

2. 评估重点

在高校英语教学中实施输出驱动假设的理念后，教学评估要重点做以下相应调整。

（1）评估语言应用能力而不是语言知识。基于输出驱动假设的测试考查学生应用语言做事的能力，过去单纯测试语法和词汇知识的选择题与完形填空题就不能再出现在试卷中。测试任务包括考查学生能否在阅读英语文献后写出摘要，能否将国外报纸上几篇相同主题的新闻通过编译的方式写出一则中文新闻等，这样的任务学生今后在职场上有可能会碰到。因此，考查学生以言行事的能力具有真正的交际价值。

（2）用语言做事的测试任务采取考查学生综合应用多种语言技能的形式。综合应用多种技能的形式包括读和写、读和说、听和写、听和说、读和译相结合等。

（3）确保说、写、译等主观题评分的信度。主观题评分不同于选择题评分，具有很强的主观性。为提高主观题的评分信度，不同评估类型需采用不同方式。针对统一评分，年级教研组长需要和教师共同商讨制定评分标准，以增强评分标准的可操作性。针对学生的平时成绩评定，教师务必事先让学生理解评分标准的内容，甚至允许学生参与标准的制定。学生参与的过程就是学习和理解标准的过程。在教师评分的基础上，还可增加学生互评。应该承认，主观题评分比客观题评分困难得多，但绝不能因主观题评分有难度而使用有碍语言习得的选择题来开展评估。

（二）平衡教师作用与学生自主性的发挥

1. 平衡教师作用

当今时代是信息化时代，由于网络技术的支撑，使英语教学不受时间和地点的限制，朝个性化学习和自主式学习方向发展的高校英语听说课教学模式的变化引起了英语听说课授课教师角色定位的变化。教学模式应从纸笔模式转变为以计算机（网络）为载体的课堂教学和学生自主学习相结合的模式，学生的学习模式是教师教、学生学、网络辅导的三位一体的模式。教学中体现出以学习者为中心的思想，如学习过程由学习者自己掌握和控制，学习方式由学习者自己选择，学习结果由学习者自己评估。教学模式和学习模式的变化，给承担英语教学尤其是英语听说教学的教师带来了巨大的挑战，传统的英语教师单一的知识的传授者的角色正逐渐向多重角色转换。

因此，英语教师的角色定位应配合不同课堂进行适当的角色转换。在教学活动中教师应完成角色的转换，教师要成为需求分析者、课程制定者、教材编写者、课件制作者、辅导者、教学组织者、教学研究者，教师要善于在不同的教学活动中及时调整自己的角色。

2. 注重学生的自主发挥

高校英语教学任务繁重而艰巨，因为教师必须在极有限的课时内使学生学会并且能够运用一种语言。这就对英语课堂教学提出了更高要求，即如何在课时少、学生多的情况下，大幅度提高学生的英语水平。每周4个课时，听说读写要全部顾及，这就提出了一个课堂效率问题，也涉及了教学着眼点的问题。高校英语教学不仅是向学生传授语言知识、培养语言应用能力，更重要的是向学生传授适用的语言学习方法，培养他们的语言自学能力。提倡学习自主性，意味着对学习做出决定的责任转向了学习者。那么，在学习者自主性训练过程中，教师应该将自己看作是促进者、顾问或者咨询者，而不单纯是知识的提供者。教师具有广泛的角色和多重责任，他们不仅要参与教学、管理、经营开发语言课程、制作材料，还应是学习者的顾问，同时也应对学习者做出评估。另外，教师还应在学习者向自主外语学习转变的过程中，对学生所采取的方式、方法、策略成果等及时做出反馈。

现代社会对于学习概念的认识已经不仅仅局限于校园，更多的是校园以外的学习，学习已成为一项终身任务。因此，校园学习的一项重要任务就是要培养学生的学习自主性。自主性学习对于英语教学，特别是高校英语教学具有十分重要的意义。语言的交际性、社会性以及学习者的主观能动性决定了英语教学绝不只是依赖于教师的满堂灌或学习者的死记硬背的传统教学模式。目前，高校英语教学的应试倾向仍十分明显，要想培养学生的英语自主学习能力，就应该改变传统的教学模式和传统的学习习惯，改善教学制度、教学环境。同时，教师应该了解与学习者自主和训练相关的理论，设法将理论应用于实践，使"被引导的语言学习"逐步过渡到"半自主语言学习"，最后达到"完全自主学习"。

众所周知，师傅领进门，修行在自身。作为学生自己，知识的获得和技能的完善也应该遵循这一古训，英语技能的特殊性更决定了自我"修行"对于成功学习的决定性作用。教学效果是内外因相互作用的结果。学习心理学、应用语言学以及心理语言学的大量研究表明，与传统观点相反，在任何教育事件中，包括在英语教学过程中，最主要的因素是学习者，而不是教师。承认这一点就意味着承认教学应以学生而不是以教师为中心，应以"学"而不是以"教"为中心。当代英语学习理论强调学习者在学习过程中的决定性作用，强调学习者的自主性，以期学习者内因的决定作用能够充分发挥。

在外语课堂环境下，教师自身的语言修养在一定程度上决定了学生语言输入的质量，并可能影响到学生参与课堂的兴趣。教师在帮助学生建立自主学习能力信心的同时，也应增强自己的信心，提高自身专业技术素质。教学相长是形成教学互动良性循环的标志。

教学互动与自主性英语学习的良性循环是取得长期教学效果的有效途径。虽然"收益递减律"同样适用于课堂英语教学，但良性循环的建立能够保证学生不断获取更多的语言知识并提高语言运用的技能。一旦教师帮助学生，包括缺乏自信和自我意象差（对英语学习心存恐惧或自认为语言能力不强）的学生，增强了自主性学习的信心，良性循环很快就能建立起来。这里需要指出的是，基于产出输出的教学是有利于英语学习的良性循环的。

英语教学是为学生在将来有效使用英语做好准备，课堂教学已从重机械训练转向重交际活动。基于对学习者中心地位及个体差异的认识，当代语言学习理论强调自主性学习和以交际学习活动为基础的学习模式。正是在这种形势下，交际法理论模式下的基于交际任务的教学法才成为英语习得领域理论研究和实验探索的一个热点。

教师不仅将班级看作整体集合，更把学生看成是不同的个体，从各方面（学习策略、资源利用）对学生的学习施加正面影响。操纵英语学习的外部因素，间接影响内部因素，这些是教师、研究者和科学技术可以影响的方面，也是任务学习法所希望提供的让教师可以充分体现其学习辅助者作用的机会。基于交际任务的教学以学生为中心，学生自己主动探索语言，教师在课堂上营造创造性使用英语的环境，鼓励学生在真实交际中最大限度地将所习得的语言知识系统化，并通过分析语言难点帮助学生更有效的学习。

英语学习的良性循环，首先要求学习者把学好英语作为适应社会发展的一项基本技能，对英语潜在的使用价值有充分真切的认识；其次，在英语教师的帮助下，学习者能处理好学习过程中许多内外因素之间的关系。教学互动良性循环要求师生之间关系融洽，为达到共同的教学目标而密切配合。教师把班级看成由许多差异性较强的个体组成的相互协作、共同进步的整体，重视研究个体的差异性和整体的协作性。教师在建立英语学习良性循环的过程中是指导者和鼓励者，在教学互动良性循环中则是直接的组织者和参与者。基于交际任务的英语教学法使课堂活动带动了课外的自主性学习，有利于英语学习的良性循环。

二、"产出导向法"在高校英语教学中的具体应用

（一）"产出导向法"在高校英语口语教学中的应用

1. 高校英语口语教学中的驱动环节

"产出导向法"认为，教师可以让学生认知到自己语言方面的不足之处，从而增强学生对学习的欲望。教师可以适当地设计一些挑战性比较大的话题，或者在场景设计中增加交际性，让学生去完成教师设计的活动。其实学生有很多的机会接触到外国人，比如，在达沃斯论坛，这时会有很多的学生去当志愿者，还有学校也会定期进行交流项目，很多大二或者大三的学生都会去美国或者英国进行学习。学习的时间大概为一年。

教师设计的这些任务，表面上看起来很普通，其实它具有很大的交际价值。既能够让学生主动接受并学习一些新的知识，又能够在自己原有知识的基础上，发现漏洞并进行填补，并且还能让他们充分了解到中西方在文化上面的巨大差别。让学生们肩负起了中国对外文化交流的使命，在跨文化的前提下增强交际能力，这样也改善了中国在文化上的"失语症"。

2. 高校英语口语教学中的促成环节

促成环节包含了以下教学步骤：

（1）教师针对产出任务进行有效的描写和讲述。能够成功完成任务的关键在于三方面。首先是在内容上，其次是在语言形式上，最后就是在话语结构上。所以，在这一环节中，教师的角色就相当于"中介"，由教师来提供一些需要用到的材料，让学生在这些材料的基础上进行加工和挑选，从而获得任务所需要的一些信息，更好地完成教师给出的任务。

（2）学生根据教师的描述来进行学习。学生将分成几个小组，每个小组根据自己选择的任务来下载相关联的材料，然后小组中的成员进行分工合作。通过对材料的利用，来解决问题并完成教师交代的任务。教师的主要工作就是帮助学生解决在这一过程中遇到的一系列问题，同时也要了解学生的活动进展如何，最后就是在上课之前，对学生制作的幻灯片进行检查。

（3）教师对学生的产出任务进行检查。根据教学要求，任务的完成需要教师在一旁指导，循序渐进地进行，而不是"放养式"地盲目进行。

3. 高校英语口语教学中的评价环节

评价环节分为两种：一种是即时评价，另一种是延时评价。延时评价的要求和即时评价是不一样的，它需要教师和学生一起参与，这样学生不仅需要对自己的成果进行展示，也要学习他人的成果。这一单元的前两个任务由两个小组进行，剩下的由三个小组共同完成。并且由于课堂的时间是不充足的，所以小组任务由抽签来决定。因为在之前的环节当中，教师已经针对学生的展示内容，对学生进行了针对性的指导和评价。教师们也让听众对学生们展开评价，从而调动了现场的气氛，使听众也更加有积极性。具体的做法可以包括：各个小组展示完成后，教师们可以随机挑选一些听众，对本次的汇报内容讲述一些理解，或者也可以对听众进行提问，可以随机让观众们进行回答。可能有的小组因为时间关系，并没有得到展示，那么在下课之后，需要把准备好的展示材料传到QQ群或微信群当中，由学生们根据这些展示内容进行评价，并从中学习到不一样的东西。

(二)"产出导向法"在高校英语阅读教学中的应用

1. 进行尝试以实现产出

作为一篇浪漫、细腻、感人的爱情故事，在这一单元中出现的这一阅读文章，其故事情节生动曲折、对情感的描述也十分细致。因此，教师在对驱动环节进行设计时，要对教学目标以及产出任务加以筛选，不仅使其符合文章主题，还要对学生产生吸引的同时保证学生至少能够完成部分任务。此方法极为有效地简化了教学目标。教师以文章主题为依据，再与学生本身通过学习获取应有的知识水平、已具备的语言能力、广泛的兴趣爱好等相结合，进而完成产出任务。文章对两人见面场景进行描述时，设置了充满浪漫色彩甚至狡黠意味的情境，再让学生对自己与新同学以及新朋友见面时的场景进行回忆，并将两者进行结合后，教师以口头的形式对学生进行产出任务的布置，再要求学生对见面场景进行表演。当学生开始进入表演，或者行进至表演过程中时，便会意识到，若自身的词汇量不够丰富，就会导致自己不能对自身觉得有趣或者难忘的经历进行表达。这样的产出练习不仅能够使学生对自身拥有的知识做了解，更能够激发学生对自己的经历进行表达的欲望。在此时，教师再对学生展示出此课的学习目标，或者做产出任务的要求，具体到本课便是对见面场景进行生动有趣的描述；经过阅读，学生之间进行对话，并进一步以写作的方式实现产出，进行新的故事描述，描述自己与新同学或新朋友见面的场景，对场景的描写要尽量吸引读者。通过这样的训练方法，教师不仅能够通过产出任务，使学生在思想上提升自身学习的能动性，更能在实践中对教师的教学活动进行积极配合，同时为接收下一阶段的输入做准备。

2. 通过实践促成学习结果

促成是第二阶段的重心，当教师对教学目标和产出任务进行明确之后，会针对不同部分采取不同的教学方法。教师以两人见面的经历为基础，以词句、叙事方式、修辞特点等语法方面进行讲授，使学生把握这些语法要点，在头脑中对见面场景所需要的综合知识点（如词句、讲解方式、修辞应用等）形成一个清晰的认识。为产出练习打下理论基础的同时，对输入进行筛选，使输入更具针对性。在此环节中，保证学生足够的输入，以实现更好的产出为最终目的。

（三）"产出导向法"在高校英语写作教学中的应用

1. 对教学目标进行明确

若要实现课堂教学预期的目标，首先要求学生以自身的努力去实现目标，教师要对学生应完成的目标做到心中有数，其次将目标细化。倡导师生共同参与，即无论是教师还是学生都可以对有没有实现的目标做出评估。"产出导向法"提倡在英语写作教学中，将输出作为驱动目标，并在为学生布置活动场景时，注意场景本身所具有的交际性以及可对听、说、写、译等能力进行运用。

2. 对教学内容进行确定

为了实现教学目标，同时保证输入能够为输出提供适当的材料和内容知识，就要求除了对教材内容进行合理的选择外，还要运用实践与理论相结合的方法：教师应以学生的能力为依据，进行适当的教学目标的选择，最终以多媒体或书面的形式为学生提供案例，使学生做到自己预习材料的同时，对相关的知识与材料进行收集。因此，不管是教师选择教材作为输入的内容，还是实现输入内容的相关补充，都需重视输出活动的意义，进而为学生进行输出和输入创造更多机会，这样才能够使学生在真实的体验实践中对具有价值意义的材料进行筛选，最终顺利地完成产出任务。"产出导向法"这一理念对将教材作为学习的中心持反对意见，但却强调在学习过程中对教材做正确的使用，对这一方法进行掌握，关键在于让学生对所学知识进行运用，而非仅仅实现对知识的学习。

3. 对教师角色转变进行的推动

以学习中心学说为基础的"产出导向法"，要求教师在对待每一位学生时，持平等的态度。与此同时，该方法要求在课堂中进行的活动必须能够实现有效的学习，学生可以从中学习到什么成为课堂上学习关注的焦点。教师以课堂学习为基础，依据实际的情况为学生选择最佳的学习方式，最终完成教学目标。除此之外，围绕与课堂写作教学相关的环节和任务进行设计，采用多种形式来促进课堂活动的进行，以期提高教学效率，提升学生综合使用语言的能力。

4. 不断进行课外实践

"产出导向法"更加注重情景设置的方式，激发学生的求知欲。在课堂外实践的基础上，促成学生实现与形态各异的人群之间的沟通与交流，在扩大自身视野的基础上来习得知识，最终使自己获得丰富多彩的学习生活。

参 考 文 献

[1] 孙海珊. 大学英语教学改革的多元视角探索 [M]. 长春：吉林出版集团股份有限公司, 2022. 10.
[2] 孙志永. 新时代大学英语教学改革与英语教师专业发展 [M]. 开封：河南大学出版社, 2022. 03.
[3] 容蕾蕾. 英语认知能力构建与英语教学改革研究 [M]. 吉林出版集团股份有限公司, 2022. 07.
[4] 侯丽梅. 自主学习能力培养下的大学英语教学改革 [M]. 北京：中国书籍出版社, 2022. 01.
[5] 孙瑜. 信息化背景下高职英语教学改革路径创新研究 [M]. 延吉：延边大学出版社, 2022. 03.
[6] 侯敏灵. 大学英语教学方法改革与实践探索 [M]. 长春：吉林摄影出版社, 2022. 01.
[7] 孙铭阳. 高职英语教学模式改革研究 [M]. 长春：吉林出版集团股份有限公司, 2022. 07.
[8] 王冕, 常海鸽. 高校商务英语信息化教学改革研究 [M]. 长春：吉林出版集团股份有限公司, 2022. 07.
[9] 张余辉. 英语教学改革与教学实践研究 [M]. 长春：北方妇女儿童出版社, 2022. 01.
[10] 李冬梅. 现代大学英语课程教学改革的多元探索 [M]. 北京：北京工业大学出版社, 2022. 07.
[11] 杨威, 闫洪才. 大学英语教学模式改革与发展研究 [M]. 长春：吉林出版集团股份有限公司, 2022. 04.
[12] 岳洪. 大学英语教学方法改革与实践探索 [M]. 长春：吉林出版集团股份有限公司, 2022. 09.
[13] 赵垒. 大学英语教学模式构建与课程改革研究 [M]. 北京：北京工业大学出版社, 2022. 03.
[14] 岑海兵, 陈曼. 地方高校英语类专业教学改革与实践探索 [M]. 武汉：武汉大学出版社, 2022. 12.
[15] 鲁巧巧. 大学英语教学变革与赋能 [M]. 长春：吉林出版集团股份有限公司, 2022. 06.
[16] 王欣. 英语专业教育改革课程思政与价值引领 [M]. 上海：上海外语教育出版社, 2022. 03.
[17] 胡雯, 武小丹. 信息化背景下大学英语教学改革创新 [M]. 北京：中国书籍出版社, 2021. 12.
[18] 王永祥, 朱有义. 主体间性教学模式视阈下的大学英语教学改革 [M]. 苏州：苏州大学出版社, 2021. 03.
[19] 王晋娟；涂香伊；李晶. 我国英语教育教学模式的改革与创新 [M]. 长春：吉林人民出版社, 2021. 08.
[20] 王春霞. 英语教学模式改革与创新研究 [M]. 长春：吉林人民出版社, 2021. 11.
[21] 侯海冰. 当代高校英语信息化教学改革研究 [M]. 北京：北京工业大学出版社, 2021.
[22] 焦琳. 大学英语教学改革和教学法应用研究 [M]. 北京：北京工业大学出版社, 2021. 05.
[23] 孙瑞云. 大学英语教学改革与创新探索 [M]. 长春：吉林出版集团股份有限公司, 2021.
[24] 张婵媛. 互联网背景下大学英语教学改革及创新研究 [M]. 长春：吉林出版集团股份有限公司, 2021.
[25] 冯洋洋, 司书晶, 赵红卫. 高校英语教学模式与方法创新研究 [M]. 长春：吉林出版集团股份有限公司, 2021.
[26] 刘萍. 语料库数据驱动的学术英语教学 [M]. 武汉：武汉大学出版社, 2021. 07.

［27］张景. 英语教学方法新探索［M］. 长春：吉林出版集团股份有限公司，2021. 07.

［28］刘慧. 突出自主学习的大学英语教学模式创新研究［M］. 北京：企业管理出版社，2021. 08.

［29］周波澜，杨芳芳，李艳. 英语多元化教学与语言应用［M］. 长春：吉林人民出版社，2021. 07.

［30］鲍文，田丽. 高校商务英语专业实践教学创新研究［M］. 杭州：浙江工商大学出版社，2021. 08.

［31］王立康. 大学英语教学方法创新与实践［M］. 长春：吉林出版集团股份有限公司，2020. 09.

［32］王璇. 高校英语教学方法创新探究［M］. 长春：吉林出版集团股份有限公司，2020. 04.

［33］程丽娟，姚晓盈，王慧. 英语教学与模式创新［M］. 哈尔滨：哈尔滨出版社，2020. 08.

［34］蔺蕴洲，史雨红. 大学英语文化教学理论阐释及创新视角研究［M］. 长春：吉林大学出版社，2020. 06.

［35］王志南. "互联网+"时代高校英语教学优化与创新实践研究［M］. 长春：吉林大学出版社，2020. 09.

［36］武月琴，张莹，张睿. 英语翻译技巧与翻译教学创新研究［M］. 长春：吉林出版集团股份有限公司，2020. 07.

［37］李清. 高校英语跨文化教学研究［M］. 长春：吉林人民出版社，2020. 09.